trotzdem: für marlies

Ingmar Bergman

Szenen einer Ehe

Aus dem Schwedischen
von Hans-Joachim Maass

Hoffmann und Campe

Titel der Originalausgabe: Scener ur ett äktenskap
Erschienen bei P. A. Norstedt & Söner, Stockholm 1973

Die Fotografien stammen von Lars Karlsson. Da sie dem auf dem Originaltext basierenden schwedischen Fernsehfilm entnommen sind, können sie in Regiedetails vom vorliegenden Text abweichen.

1. bis 30. Tausend 1975

Gesetzt aus der Korpus Garamond-Antiqua
Umschlag Werner Rebhuhn
Satzherstellung Otto Gutfreund & Sohn, Darmstadt
Druck und Bindearbeiten Süddeutsche Verlagsanstalt
und Druckerei GmbH, Ludwigsburg
ISBN 3-455-00330-3 · Printed in Germany

Vorwort

Damit der unterdrückte Leser sich im Text nicht verläuft, habe ich mich – ganz gegen meine Gewohnheit – entschieden, die sechs Szenen zu kommentieren. Wer diese Hilfestellung beleidigend findet, sollte die folgenden Zeilen einfach überspringen.

Erste Szene: Johan und Marianne sind Kinder fester Normen und glauben an die Ideologie der materiellen Sicherheit. Sie haben ihre bürgerliche Lebensführung nie als bedrückend oder unaufrichtig empfunden. Sie haben sich an ein Muster angepaßt, das sie weitergeben wollen. Ihre frühere politische Aktivität ist eher eine Bestätigung als ein Widerspruch dazu.

In der ersten Szene bieten sie das schöne Bild einer nahezu idealen Ehe, die überdies mit einer Inferno-ähnlichen Beziehung konfrontiert wird. Sie sind auf eine stille Weise überheblich, glauben, alles aufs beste geordnet zu haben. Patentlösungen und wohlgemeinte Platitüden schwirren durch die Luft. Peter und Katarina stehen als bedauernswerte Verrückte da, während Johan und Marianne in dieser besten aller Welten alles aufs beste arrangiert haben. Am Ende dieser Szene erleiden sie gleichwohl eine leichte Schlappe. Sie sehen sich vor einem Scheideweg. Eine, wie es scheint, unbedeutende Wunde bricht auf, verheilt und vernarbt, aber unter der Narbe hat sich eine Infektion gebildet. So habe ich es mir jedenfalls vorgestellt. Wenn irgend jemand dies anders sieht, soll es mir recht sein.

Zweite Szene: Noch immer ist alles ideal, beinahe großartig. Es gibt kleine Kümmernisse, die in scherzendem Einvernehmen gelöst werden. Ihre Berufe und Arbeitswelten werden vorgestellt. Bei Marianne macht sich eine unbestimmte Angst bemerkbar. Sie kann sie nicht definieren, geschweige denn einkreisen, aber instinktiv fühlt sie, daß zwischen ihr und Johan irgend etwas nicht stimmt. Sie macht eine lahme und nicht sonderlich erfolgreiche Anstrengung, den dunkel erahnten Sprung zu kitten. Johan führt ein Telefongespräch mit seiner Mutter. Am Abend nachdem sie im Theater gewesen sind und Ibsens »Nora« gesehen haben (was hätten sie sonst wohl sehen sollen!), kommt eine unausgesprochene Mißstimmung auf, die beide zu überbrücken versuchen und die schließlich unter den Teppich gekehrt wird.

Dritte Szene: Dann kommt der Schlag. Johan teilt auf recht brutale Weise mit, daß er sich in eine andere Frau verliebt hat und Marianne verlassen will. Er ist voller vitalem Tatendrang und von der munteren Selbstsüchtigkeit seines neuen Verliebtseins wie oxydiert. Marianne ist wie vom Blitz getroffen. Vollkommen ausgeliefert. Vollkommen unvorbereitet. Innerhalb weniger Minuten verwandelt sie sich vor unseren Augen in eine blutende und bebende Wunde. Demütigung und Verwirrung.

Vierte Szene: Wiedersehen nach einer längeren Zeit. Bei Johan haben manche Dinge begonnen, schiefzugehen, aber das ist ihm nicht anzumerken. Im Gegenteil. Was Marianne betrifft, läßt sich der Beginn einer Erholung ahnen; diese ist jedoch äußerst vage und mit all den alten Dingen beladen: der Gebundenheit an Johan, der wunden Einsamkeit, der Sehnsucht, daß alles wie früher werden möge. Ihre Begegnung ist schmerzhaft und unbeholfen in ihrer Mischung aus Versöhnlichkeit und Aggressivität. Durch Isolierung und Abgekehrtheit erreichen beide einander nur für kurze Augenblicke. Alles ist empfindlich, infiziert, angeknackst. Dies ist eine sehr traurige Szene, muß ich sagen.

Fünfte Szene: Jetzt kracht es an allen Ecken und Enden. Marianne ist allmählich wieder auf die Beine gekommen, und Johan verliert nach und nach sein Gefühl für die Wirklichkeit. Sie haben die großartige Idee, die Scheidung gemeinsam einzureichen und denselben Anwalt zu konsultieren. Um die Scheidungspapiere zu unterschreiben, treffen sie sich an einem Frühsommerabend in Johans Büro. Plötzlich geht die ganze Ladung hoch. Alle jahrelang unterdrückten Aggressionen, aller Haß, aller gegenseitige Überdruß und aller Zorn kommen heraus und machen sich Luft. Die beiden werden nach und nach dehumanisiert, und schließlich sind beide ziemlich scheußlich. Sie benehmen sich wie zwei Wahnsinnige, die nur einen Gedanken im Kopf haben, nämlich einander körperlich und seelisch zu mißhandeln. In diesen Anstrengungen werden sie sogar übler als Peter und Katarina in der ersten Szene. Diese beiden haben immerhin eine gewisse Routine in ihrem Inferno und sind in ihrem Toben sozusagen professioneller. Diese äußerste Zurückhaltung haben Johan und Marianne noch nicht gelernt. Sie möchten sich, kurz gesagt, vernichten, und in diesem Ehrgeiz haben sie auch beinahe Erfolg.

Sechste Szene: Jetzt stelle ich mir vor, daß aus all dieser Vernichtung zwei neue Menschen hervorzukriechen beginnen. Vielleicht ist dies allzu optimistisch gedacht, aber ich kann es nicht ändern, daß es so geworden ist. Sowohl Johan wie Marianne sind durch das Tal der Tränen gewandert und haben es reich an Quellen gemacht. Sie fangen an, ein neues Wissen um sich selbst zu buchstabieren, wenn man es so ausdrücken kann. Es geht nicht nur um Resignation. Hier ist auch von Liebe die Rede. Marianne setzt sich zum erstenmal geduldig hin und hört sich an, was ihre nörgelige Mutter zu sagen hat. Johan sieht versöhnlich auf seine eigene Situation und ist auf eine neue und erwachsene Weise lieb zu Marianne. Alles ist noch immer Verwirrung, und nichts ist besser geworden. Alle Beziehungen sind verwikkelt, und beider Leben basiert unbestreitbar auf einem Haufen fauler Kompromisse. Aber irgendwie sind sie jetzt auf eine völlig andere Weise als früher mündige Bürger in der Welt der Realität. Jedenfalls glaube ich das. Es ist aber trotzdem keine Lösung in Sicht, und zu einem richtigen Happy-End kommt es nicht, obwohl es sicher erfreulich gewesen wäre, zu so einem glücklichen Ende zu kommen, und sei es auch nur, um alle in künstlerischen Fragen feinfühligen Menschen zu provozieren, die aus Abscheu vor diesem vollkommen greifbaren Werk schon nach der ersten Szene ästhetische Übelkeit empfinden.

Was gibt es noch zu sagen? Ich habe drei Monate gebraucht, um dieses Buch zu schreiben, aber es hat mich lange Zeit meines Lebens gekostet, es zu erfahren. Ich bin nicht sicher, ob es umgekehrt besser gewesen wäre, obwohl das vielleicht besser ausgesehen hätte. Bei der Beschäftigung mit diesen Menschen habe ich eine Art Ergebenheit für sie empfunden. Sie sind recht widersprüchlich geworden, manchmal kindlich ängstlich, manchmal recht erwachsen. Sie reden eine Menge dummes Zeug, manchmal sagen sie etwas Vernünftiges. Sie sind ängstlich, fröhlich, selbstsüchtig, dumm, lieb, klug, aufopfernd, ergeben, wütend, sanft, sentimental, unausstehlich und liebenswert. Alles auf einmal. Jetzt werden wir sehen, wie es geht.

Fårö, den 28. Mai 1972 Ingmar Bergman

Erste Szene

Unschuld und Panik

Personen

JOHAN
MARIANNE
KARIN UND EVA, ihre Töchter
FRAU PALM, die Interviewerin
FOTOGRAF
PETER
KATARINA

MARIANNE *und* JOHAN *werden in ihrem Heim interviewt. Sie sitzen ziemlich steif und gespannt nebeneinander auf einem Sofa. Das Sofa ist kein x-beliebiges Möbelstück. Es ist rund und kurvig und biedermeierhaft und mit grünem Stoff bespannt; es hat freundliche Armlehnen, weiche Kissen und geschnitzte Beine. Es ist ein Monstrum der Gemütlichkeit. Auf einem Tisch erkennt man eine hübsche Spirituslampe. Den Hintergrund bildet ein massives Bücherregal. Auf einem anderen Tisch gibt es Tee, Toast, Marmelade und Sherry. Die Interviewerin,* FRAU PALM, *sitzt mit dem Rücken zur Kamera. Zwischen Tellern und Tassen hat sie ein kleines Tonbandgerät aufgebaut. Ein bärtiger Fotograf bewegt sich im Zimmer, taucht auf und verschwindet.*

FRAU PALM *(fröhlich)*: Wir fangen immer mit einer Standardfrage an. Damit wir über die erste Nervosität hinwegkommen.

JOHAN: Ich bin nicht sonderlich nervös.

MARIANNE: Ich auch nicht.

FRAU PALM *(fröhlicher)*: Um so besser. Die Frage ist: Wie würdet ihr euch selbst mit einigen wenigen Worten beschreiben?

JOHAN: Das war keine leichte Frage.

FRAU PALM: Na, aber so schwer ist sie wohl auch wieder nicht.

JOHAN: Ich meinte, es kann Mißverständnisse geben.

FRAU PALM: Glaubst du wirklich?

JOHAN: Ja, es kann ja wie Aufschneiderei klingen, wenn ich mich selbst als äußerst intelligent, erfolgreich, jugendlich, ausgeglichen und sexy beschreibe. Als einen Mann mit Weltgewissen, gebildet, belesen, als beliebten Gesellschafter. Ich weiß nicht, was mir noch einfallen soll – vielleicht kameradschaftlich. Ich bin auf angenehme Weise kameradschaftlich, auch gegenüber Leuten, denen es schlechter geht. Ich bin sportlich. Ein guter Familienvater. Ein guter Sohn. Ich habe keine Schulden und bezahle meine Steuern. Ich respektiere unsere Regierung, was immer sie auch anstellt, und ich liebe unser Königshaus. Ich bin aus der Staatskirche ausgetreten. Ist dies genug, oder willst du vielleicht noch mehr Einzelheiten? Ich bin ein großartiger Liebhaber. Nicht wahr, Marianne?

FRAU PALM *(lächelt)*: Wir können auf die Frage vielleicht zurückkommen. Und du, Marianne? Was sagst du?

MARIANNE: Tja. Was soll ich denn jetzt sagen. Ich bin mit Johan verheiratet und habe zwei Töchter.

FRAU PALM: Ja.

MARIANNE: Im Augenblick fällt mir nichts anderes ein.

FRAU PALM: Denk nach.

MARIANNE: Ich finde Johan ziemlich nett.

JOHAN: Danke, das war lieb.

MARIANNE: Wir sind seit zehn Jahren verheiratet.

JOHAN: Ich habe soeben den Vertrag verlängert.

MARIANNE: Ich habe vielleicht nicht die gleiche selbstverständliche Wertschätzung meiner Vortrefflichkeit wie Johan. Aber wenn ich ehrlich sein soll, so bin ich ziemlich froh, daß ich das Leben leben darf, das ich lebe. Es ist ein gutes Leben, wenn du verstehst, was ich meine. Nun, was soll ich denn sonst noch sagen. O je, das ist schwierig.

JOHAN: Sie hat eine hübsche Figur.

MARIANNE: Du machst nur Witze. Ich, ich versuche, die Frage ernst zu nehmen. Ich habe zwei Töchter, Karin und Eva.

JOHAN: Das hast du eben schon gesagt.

Frau Palm *(gibt auf)*: Wir können die Frage nachher vielleicht noch einmal aufgreifen. Apropos! Wir sollten doch wohl ein Bild mit den Töchtern dabeihaben. Gerade hier im Sofa mit Papa und Mama?

Marianne: Sie werden gleich aus der Schule kommen.

Frau Palm: Wie schön. Nun, dann wollen wir mal mit ein paar Daten loslegen. Ich möchte gern wissen, wie alt ihr seid.

Johan: Ich bin zweiundvierzig Jahre. Aber das ist mir kaum anzumerken. Nicht wahr?

Marianne: Ich bin fünfunddreißig.

Johan: Wir kommen beide aus einem fast ungebührlich bürgerlichen Milieu.

Marianne: Johans Vater ist Arzt.

Johan: Und meine Mutter ist Mama. In beachtlichem Maß.

Marianne: Mein Vater ist Jurist. Es stand von Anfang an fest, daß auch ich Anwältin werden sollte. Ich bin die jüngste von sieben Geschwistern. Mutter schaltete und waltete in einem großen Haus. Heutzutage nimmt sie es etwas mehr mit der Ruhe.

Johan: Tut sie das? *(Artiges Lächeln)*

Marianne: Das Seltsame mit uns beiden ist tatsächlich, daß wir mit unseren Eltern sehr zufrieden sind. Wir sehen uns sehr oft. Richtige Konflikte hat es eigentlich nie gegeben.

Frau Palm: Wir sollten vielleicht etwas über eure Berufe sagen.

Johan: Ich bin Dozent am Psychotechnischen Institut.

Marianne: Ich habe mich auf Familienrecht spezialisiert und bin in einer Anwaltskanzlei angestellt. Wir haben meist mit Scheidungen und derlei zu tun. Das Interessante ist ja, daß man ständig Kontakt mit . . .

Fotograf *(taucht auf)*: Jetzt wollen wir so freundlich sein und uns ansehen. So, ja, so, ja. Ich wollte nur . . . Verzeihung . . .

MARIANNE: Es ist schrecklich, wie dämlich man sich fühlt.

FRAU PALM: Nur jetzt, zu Anfang. Wie habt ihr euch kennengelernt?

MARIANNE: Das soll Johan erzählen.

JOHAN: Ja, Herrgott, *das* ist interessant!

MARIANNE: Auf jeden Fall war es nicht Liebe auf den ersten Blick.

JOHAN: Wir hatten beide einen recht großen Bekanntenkreis, und so trafen wir uns bei allen möglichen Gelegenheiten. Außerdem waren wir etliche Jahre lang politisch aktiv und spielten noch in studentischen Theatergruppen. Auch ich kann nicht sagen, daß wir irgendeinen tieferen Eindruck aufeinander machten. Marianne fand mich überheblich.

MARIANNE: Er hatte ein vieldiskutiertes Verhältnis mit einer Schlagersängerin, und das gab ihm ein gewisses Image und machte ihn unausstehlich.

JOHAN: Und Marianne war neunzehn Jahre und mit einem Dummkopf verheiratet, der nur den einzigen Vorzug besaß, ein reiches Söhnchen zu sein.

MARIANNE: Aber er war sehr, sehr lieb. Und ich war heftig verliebt. Außerdem wurde ich fast sofort schwanger. Und das hatte auch seine Bedeutung.

FRAU PALM: Aber wie kam es dazu . . .

JOHAN: Daß es mit uns beiden was wurde? Nun, das war eigentlich Mariannes Idee.

MARIANNE: Mein Kind starb gleich nach der Geburt, und da ließen mein Mann und ich uns mit einer gewissen Erleichterung scheiden. Johan hatte von dieser Sängerin den Laufpaß bekommen und war eine Spur weniger überheblich. Wir fühlten uns ein bißchen einsam und gezaust. Da schlug ich vor, daß wir uns zusammentun sollten. Wir waren überhaupt nicht ineinander verliebt, wir waren nur traurig.

JOHAN: Wir kamen fabelhaft miteinander aus und wurden beim Studium richtig fleißig.

MARIANNE: Dann zogen wir zusammen. Unsere jeweiligen Mütter verzogen keine Miene, obwohl wir geglaubt hatten, sie würden heftig schockiert sein. Sie nahmen vielmehr die Gelegenheit wahr, sich anzufreunden. Plötzlich waren wir als Johan und Marianne akzeptiert. Nach einem halben Jahr heirateten wir.

JOHAN: Da waren wir außerdem noch verliebt.

MARIANNE: Schrecklich verliebt.

JOHAN: Man hielt uns für ein beinahe ideales Ehepaar.

MARIANNE: Und so ist es weitergegangen.

FRAU PALM: Keine Komplikationen?

MARIANNE: Wir haben keine materiellen Sorgen gehabt. Wir haben gute Beziehungen zu Verwandten und Freunden auf beiden Seiten. Wir haben gute Jobs, die wir mögen. Wir sind gesund.

JOHAN: Und so weiter und so weiter, es ist beinahe unanständig. Sicherheit, Ordnung, Wohlgefallen und Loyalität. Das wirkt verdächtig gelungen.

MARIANNE: Natürlich haben wir wie andere Menschen unsere Gegensätze. Das ist ja selbstverständlich. Aber in allen wesentlichen Dingen sind wir uns einig.

FRAU PALM: Gibt es nie Streit?

JOHAN: O doch. Marianne macht Streit.

MARIANNE: Johan fällt es so schwer, wütend zu werden. Dann laufe ich ins Leere.

FRAU PALM: Das klingt phantastisch. Alles.

MARIANNE: Irgend jemand hat uns gestern abend schon wieder gesagt, daß es die Problemlosigkeit ist, die ein ernstes Problem darstellt. Das ist wohl ziemlich wahr. Ein Leben wie unseres hat immer seine Gefahren. Das ist uns sehr bewußt.

JOHAN: Die Welt geht zum Teufel, und ich nehme mir das Recht, meinen Garten zu bestellen. Jedes politische System ist korrumpiert. Mir wird übel, wenn ich an diese neuen Heilslehren denke. Wer die Macht über die Computer hat, ist immer der Gewinner. Ich bin der unpopulären Ansicht, daß ich das Recht habe, mich um meine Angelegenheiten zu kümmern und auf andere zu pfeifen.

MARIANNE: Da denke ich anders als Johan.

FRAU PALM: Aha, wie denkst du denn?

MARIANNE: Ich glaube an die Sorge um den Mitmenschen.

FRAU PALM: Was meinst du damit?

MARIANNE: Wenn alle Menschen schon von Kindesbeinen an lernten, sich umeinander zu kümmern, würde die Welt anders aussehen, dessen bin ich sicher.

FOTOGRAF: Bitte stillsitzen. Der Ausdruck ist gut. So bleiben. Danke.

MARIANNE: Jetzt kommen Karin und Eva. Ich werde ihnen sagen, daß sie sich ein bißchen zurechtmachen sollen.

MARIANNE *eilt hinaus. Man hört, wie sie mit ihren Töchtern spricht.* JOHAN *stopft seine Pfeife und tauscht mit der Interviewerin ein etwas unsicheres, aber höfliches Lächeln aus. Diese nippt an ihrem kalten Tee und weiß im Augenblick nicht, wonach sie fragen soll.*

JOHAN: Offen gesagt ist die Sache nicht so einfach.

FRAU PALM: Wie meinst du?

JOHAN: Früher glaubten wir, daß uns nichts geschehen könnte. Heute wissen wir, daß uns alles passieren kann. Das ist tatsächlich der ganze Unterschied.

FRAU PALM: Hast du Angst vor der Zukunft?

JOHAN: Wenn ich nachdenken würde, wäre ich vor Angst gelähmt. Das glaube ich zumindest. Darum denke ich nicht nach. Ich mag dieses alte mollige Sofa und diese Spirituslampe da. Sie geben mir eine Illusion der Sicherheit, die so zerbrechlich ist, daß es beinahe komisch ist. Ich mag Bachs Matthäus-Passion, obwohl ich nicht gläubig bin, weil sie mir Vorstellungen von Frömmigkeit und Zugehörigkeit vermittelt. Ich bin äußerst abhängig vom intensiven Umgang mit unseren Familien, weil er mich an die Erlebnisse des Geschütztseins in meiner Kindheit erinnert. Ich finde Mariannes Reden von Menschlichkeit gut. Das ist gut fürs Gewissen, das sich bei den völlig falschen Anlässen beunruhigt. Ich finde, man muß irgendeine Art Technik haben, um leben zu können und mit seinem Leben zufrieden zu sein. Man muß sich wirklich ganz schön darin üben, sich um das eine oder andere nicht zu kümmern. Am meisten bewundere ich die Menschen, die das Leben als Spiel auffassen. Ich kann das nicht. Ich habe nicht genügend Humor für ein solches Kunststück. Das kommt aber nicht in die Zeitung. Oder?

FRAU PALM: Nein, das ist wohl ein bißchen zu kompliziert für unsere weiblichen Leser. Wenn du verzeihst, daß ich das sage. *(Pause)*

JOHAN: Wovon wollen wir jetzt sprechen?

FRAU PALM: Oh, ich habe eine Menge Fragen.

MARIANNE *nimmt mit ihren Töchtern* (EVA, *zwölf Jahre, und* KARIN, *elf Jahre) auf dem Sofa Platz. Die Mädchen sind ein bißchen steif, kichern, sind verlegen und entzückt, fürs Fotografieren gekämmt und angezogen. Man begrüßt sich. Der Fotograf dirigiert Placierungen und Umplacierungen.* JOHAN *klammert sich an seiner Pfeife fest. Als das Familienbild überstanden ist, wird den Kindern erlaubt, in die Küche zu verschwinden, zum Nachmittagskakao und zur Käseschnitte.* JOHAN *entschuldigt sich damit, daß er ein Telefongespräch führen muß, und verschwindet von der Bildfläche, eher schnell als höflich.* FRAU PALM *packt die Gelegenheit beim Schopf. Es ist ja trotz allem eine Frauenzeitschrift, die hier etwas wissen will.*

FRAU PALM: Ich glaube, wir beide haben uns seit der Schulzeit nicht mehr gesehen.

MARIANNE: Triffst du öfter jemanden aus der Schule?

FRAU PALM: Um die Wahrheit zu sagen, nein. *(Nimmt Anlauf)* Wie ich sehe, habt ihr es sehr gut zusammen. Nicht wahr? Ich meine, ihr seid wirklich glücklich. Oder seid ihr nicht? Alles, was ihr erzählt, klingt so fabelhaft gut. Aber natürlich, warum sollte es ein paar Menschen nicht wundervoll gehen.

MARIANNE: Ich weiß nicht, ob bei uns alles vollkommen ist. Aber natürlich geht's uns gut. Wir sind glücklich, meine ich. Das sind wir wohl.

FRAU PALM *(hakt nach)*: Wie würdest du den Begriff »Glück« definieren?

MARIANNE: Muß ich das wirklich?

FRAU PALM *(ernst)*: Dies ist eine Frauenzeitschrift, Marianne.

MARIANNE: Wenn mir etwas einfiele, was ich über das Glück sagen könnte, würde Johan mich auslachen. Nein, ich kann nicht. Du mußt dir selbst etwas ausdenken.

FRAU PALM *(schelmisch)*: Versuch jetzt nicht, dich zu drükken.

MARIANNE: Glück heißt wohl, daß man zufrieden ist. Ich sehne mich nach nichts. Nur danach, daß es Sommer werden soll, natürlich. *(Pause)* Ich wünsche, daß es immer so bleibt. Daß sich nichts ändert.

FRAU PALM *(hat Blut geleckt)*: Was hast du über Treue zu sagen?

MARIANNE: Aber, ich *bitte* dich.

FRAU PALM: Du mußt mir wirklich dabei helfen, ein bißchen Fleisch auf die Knochen zu kriegen. Johan ist ein schrecklich netter Kerl, aber als er dabei war, wurde sehr wenig gesagt.

MARIANNE: Treue?

FRAU PALM: Ja, Treue. Zwischen Mann und Frau. Natürlich.

MARIANNE: Treue. Ja, was soll man darüber sagen?

FRAU PALM: Dir muß ja in deinem Beruf einiges begegnet ...

MARIANNE: Ich frage mich, ob Treue anders als selbstverständlich sein kann. Treue kann doch wohl nie ein Zwang oder ein Vorsatz sein. Man kann Treue nie versprechen.

Entweder sie ist da, oder sie ist nicht da. Ich bin Johan gern treu, darum bin ich treu. Aber ich weiß natürlich nicht, wie es morgen oder nächste Woche sein wird.

FRAU PALM: Bist du Johan immer treu gewesen?

MARIANNE *(kalt)*: Ich finde, jetzt werden wir *zu* persönlich.

FRAU PALM: Verzeih mir. Jetzt habe ich nur noch eine letzte Frage, während Johan telefoniert. Was hast du über die Liebe zu sagen? Du *mußt* etwas über die Liebe sagen. Es gehört einfach zu dieser Serie, daß man etwas über die Liebe aussagt.

MARIANNE: Und wenn ich nicht will?

FRAU PALM: Dann bin ich gezwungen, mir selbst etwas einfallen zu lassen, und das wird nicht halb so gut.

MARIANNE: Kein Mensch hat mir je gesagt, was Liebe eigentlich ist. Und ich bin nicht einmal sicher, daß es notwendig ist, es zu wissen. Wenn du aber eine erschöpfende Beschreibung haben willst, dann kannst du in die Bibel sehen, dort hat Paulus beschrieben, was Liebe ist. Der einzige Fehler ist nur, daß seine Definition uns plattdrückt. Wenn Liebe das ist, was Paulus sagt, dann ist sie so selten, daß kaum je ein Mensch sie erlebt hat. Aber als Nummer zum Vorlesen bei Hochzeiten und anderen feierlichen Anlässen ist dieser Abschnitt ziemlich wirkungsvoll. Ich finde, es genügt, wenn man lieb zu dem Menschen ist, mit dem man lebt. Zärtlichkeit ist auch gut. Humor und Kameradschaft und Toleranz. Mäßige Ambitionen, was den anderen betrifft. Wenn man diese Bestandteile liefern kann, dann ... dann ist es mit der Liebe nicht so wichtig.

FRAU PALM: Warum wirst du so empört?

MARIANNE: In meinem Beruf begegnen mir ständig Menschen, die unter unbegreiflichen Anforderungen an Gefühlsleistungen zusammengeklappt sind. Das ist barbarisch. Ich wünschte, daß ...

FRAU PALM: Was würdest du wünschen?

MARIANNE: Ich weiß nicht. Ich kann dieses Problem nicht

durchschauen, und deshalb will ich nicht darüber sprechen. Aber ich wünschte, daß Menschen ... daß wir nicht gezwungen würden, eine Menge Rollen zu spielen, die wir nicht spielen wollen. Daß wir einfacher und weicher miteinander umgehen könnten. Findest du das nicht auch?

FRAU PALM *(alert)*: Daß das Leben etwas romantischer würde!

MARIANNE: Nein, das habe ich nun nicht gemeint. Eigentlich habe ich das Gegenteil sagen wollen. Da siehst du, wie schlecht ich mich ausdrücke. Können wir nicht lieber ein bißchen über Küche und Kinder sprechen? Das ist auf jeden Fall konkreter.

FRAU PALM: Es ist möglich, daß wir ein bißchen abgeschweift sind.

MARIANNE: Das werden wir wohl. *(Höfliches Lächeln)*

FRAU PALM: Nun, wie wirst du mit Beruf und Zuhause fertig?

JOHAN *und* MARIANNE *haben* PETER *und* KATARINA *zum Essen eingeladen. Die Töchter bedienen bei Tisch. Die Stimmung ist aufgeräumt.* JOHAN *liest laut aus einer Frauenzeitschrift vor.*

Johan *(liest)*: »Marianne hat volksliedblaue Augen, die von innen wie von selbst leuchten. Als ich sie frage, wie sie mit Beruf und Zuhause fertig wird, lächelt sie ein bißchen in sich hinein, als bewahre sie ein süßes Geheimnis, und antwortet etwas ausweichend, daß es gutgeht, daß Johan und sie sich gegenseitig helfen. Es herrscht *Einvernehmen*, sagt sie plötzlich und strahlt, als Johan wieder hereinkommt und sich in dem hübschen Sofa niederläßt, einem Familienerbstück. Er legt ihr beschützend den Arm um die Schultern, und sie schmiegt sich mit einem Lächeln voll Sicherheit und Vertrauen an ihn. Dann verlasse ich sie, und ich bemerke sehr wohl, daß sie sich insgeheim darüber freuen, daß ich verschwinde, damit sie wieder ganz für sich sein können. Zwei junge Menschen, stark, glücklich, dem Leben und dem Dasein gegenüber positiv eingestellt. Die aber dennoch nie vergessen haben, der Liebe den ersten Rang einzuräumen.«

Als JOHAN *das Vorlesen beendet hat, bricht spontaner Beifall los. Dann wird weiterer Nachschub aus dem Topf geholt und mehr Wein eingeschenkt.*

MARIANNE: Wir bereuten das Interview und wären fast gestorben, als wir das Meisterwerk zu lesen bekamen. Wir wollten alles geändert haben, aber da sagte die Redaktion, es sei leider zu spät. Es habe irgendein Mißverständnis gegeben, und so sei der Artikel schon in Druck gegangen.

JOHAN: Wir überlegten ernsthaft, zum Presse-Ombudsman zu gehen. Aber unsere Mütter und Töchter fanden, es sei alles großartig, und da gaben wir auf. Am meisten sauer war ich, weil über *meine* Augen nichts drin stand. Katarina! Sieh nach! Siehst du kein heimliches Leuchten in meinen Augen?

KATARINA: Ich finde eher, daß sie wie ein Dunkel sind. Ziemlich sexy, muß ich sagen.

PETER: Katarina ist von dir in letzter Zeit sehr entzückt.

KATARINA: Willst du mit mir durchbrennen, Johan?

MARIANNE: Ich finde, ein bißchen Abwechslung wäre großartig für Johan. Er hat es jetzt seit zehn Jahren so ehelich gehabt und ist nie fremdgegangen.

PETER: Bist du dessen so sicher?

MARIANNE: Ich habe mich von Anfang an entschlossen, alles zu glauben, was er sagt. Nicht wahr, Johan?

PETER: Da hörst du's, Katarina.

KATARINA: Schon, aber Johan lügt sicher viel geschickter als du, mein dummer Liebling.

JOHAN: Ich habe keine Phantasie, leider.

PETER: Das ist es gerade. Leute ohne Phantasie lügen viel besser als Leute, die zuviel davon haben.

KATARINA: Peter schmückt seine Rechenschaftsberichte mit zu vielen Details aus. Manchmal bin ich richtig gerührt.

MARIANNE: Ich habe übrigens Peters Artikel in *Teknisk Tidskrift* gelesen. Sogar ich verstand, worum es ging.

PETER: Katarina hat ihn geschrieben.

JOHAN: Bist du so gescheit, Katarina?

PETER: Ich war in Deutschland, und da riefen sie an, und Katarina setzte sich sofort hin und schrieb den Artikel. Sie hat ihn mir dann am Telefon vorgelesen.

MARIANNE: Aber warum steht da, daß es dein Artikel ist, wenn Katarina ihn geschrieben hat?

KATARINA: Das ist kein Zeichen für die Unterdrückung der Frau. Wir arbeiten doch immer zusammen, wie du weißt.

JOHAN: Wie beneidenswert.

PETER: Das würdest du nicht sagen, wenn du wüßtest, wie es mit uns steht. Aufrichtig gesagt, ist es im Augenblick beschissen. Skål, Katarina. Das macht doch wohl nichts, wenn ich das in Gegenwart von Johan und Marianne sage.

MARIANNE: Was ist denn, Katarina?

KATARINA: Nichts. Gar nichts. Ich finde nur, daß Peter manchmal ein verdammter Trampel ist.

PETER: Das Wort war *Trampel.* Ich rechne es mir zur Ehre an, ein Trampel zu sein. Und phantasievoll. Und außerdem bin ich rundherum ein mieser Kerl, aber dafür kann ich nun mal nichts.

JOHAN: Wir sollten uns jetzt einen netten Abend machen und uns nicht in die Ungerechtigkeiten des Lebens vertiefen.

PETER: Nein, wir dürfen nicht vergessen – im Hinblick auf den eben absolvierten Zeitungsartikel –, daß wir uns sozusagen unter einem glücklichen Dach aufhalten, und da dürfen wir keine emotionalen Schmutzflecken hinterlassen. Skål, Marianne, und vielen Dank fürs Essen.

Es mag sein, daß ich dich nicht um dein häusliches Glück beneide, aber deine geniale Kochkunst ist wirklich etwas, was man sich zulegen sollte.

MARIANNE: Katarina ist viel tüchtiger als ich.

KATARINA: Das Traurige ist nur, daß Peter glaubt, ich vergifte das Essen.

PETER: Dies ist ein stehender Scherz in unserem Haus.

KATARINA: Na ja, euch ist doch wohl klar, daß dies ein Scherz ist.

PETER: Ein ziemlich fauler Scherz, wenn ihr mich fragt.

JOHAN *(ablenkend)*: Wollen wir uns in die Gemächer zurückziehen? Zum Dessert gibt's Kaffee und eine kleine Torte.

MARIANNE: Nein, Katarina, darum brauchst du dich nicht zu kümmern. Die Mädchen räumen ab und erledigen den Abwasch. Ich habe sie bestochen, weißt du. Sie verdienen sich gern ein bißchen Geld. Im Augenblick sparen sie für ihre Sommerreise.

JOHAN: Möchtest du eine Zigarre, Peter? Ich habe ein paar gute da.

PETER: Vielen Dank. Ich habe das Rauchen aufgegeben.

JOHAN: Was du nicht sagst. Gratuliere.

KATARINA: Er wurde so scheußlich und nervös, daß ich ihn gebeten habe, wieder anzufangen. Aber jetzt raucht er nicht. Nur um mich zu ärgern. Ich selbst kann's nicht lassen. Ich habe den Kampf aufgegeben. Ich werde schrumpelig wie eine Mumie und werde an Krebs sterben, aber sei's drum. Liebe Marianne, hast du vielleicht ein Kopfschmerzpulver für mich? Ich habe schon den ganzen Tag scheußliche Kopfschmerzen. Nein, ich komme mit. Dann können die Jungs sich hinsetzen und ihre schändlichen Erfahrungen in aller Ruhe austauschen.

MARIANNE *und* KATARINA *begeben sich ins Badezimmer, das sehr elegant ist: Marmor, vergoldete Wasserhähne,*

viele Spiegel, Doppelwaschbecken und jeder erdenkliche Luxus. KATARINA *sitzt auf dem Badewannenrand.*

KATARINA: Ich wollte nur rauskommen. Ich fühlte, daß ich anfing, betrunken zu werden, verstehst du. Und dann werde ich so schrecklich reizbar. Armer Peter. Er wird dann wie eine verängstigte Ratte und fängt an, sehr förmlich zu reden und mit den Augen zu rollen.

MARIANNE: Wenn du willst, kannst du dich eine Weile aufs Bett legen.

KATARINA: Nein, das ist nicht nötig. Hier ist es so still und ruhig. Du bist lieb, Marianne.

MARIANNE: Es scheint, als hättet ihr's im Augenblick schwer miteinander.

KATARINA *(Lachen)*: Schwer? Ja, so könnte man's nennen.

MARIANNE: Warum trennt ihr euch nicht eine Weile?

KATARINA: Wir machen's umgekehrt, Marianne. Wir werden jetzt eine lange Geschäftsreise ins Ausland machen. Unser ganzer Wohlstand ist darauf aufgebaut, daß wir zusammen bleiben. Wir besitzen alles gemeinsam, mußt du wissen. Peter hat alles auf mich überschrieben, und unser Unternehmen in Italien hängt völlig davon ab, was wir gemeinsam ausrichten. Und dann sind da noch all diese neuen Synthetiks, die ständig hereinkommen und die wir prüfen müssen. Und ich muß meine Farbgebung und meine Muster anpassen, und Peter ist in seinen Analysen so genial. Wenn wir auseinandergingen, würde alles zusammenstürzen. Wir können uns das einfach nicht leisten.

MARIANNE: Könnt ihr dann nicht Arbeitskameraden sein und im übrigen jeder für sich leben?

KATARINA: Glaubst du, wir hätten's nicht versucht? Du weißt es doch.

MARIANNE: Ja, das ist wahr.

KATARINA: Peter sagt, daß er mit anderen Frauen impotent wird. Ich weiß nicht, ob er lügt, aber ich glaube, daß er gerade in diesem Punkt die Wahrheit sagt. Er wird fast wahnsinnig, wenn ich mich von ihm abwende. Und das Komische ist, daß er ein so zärtlicher und guter Liebhaber ist. Ich schlafe ziemlich gern mit ihm. Vorausgesetzt natürlich, daß ich noch einen anderen habe.

MARIANNE: Hast du das jetzt nicht?

KATARINA: Nein. Jan hat Schluß gemacht.

MARIANNE: Du Ärmste.

KATARINA: Jan schaffte es nicht, ein Doppelleben zu führen. Und das einzige, womit *ich* fertig werde, ist ein Doppelleben. Jetzt ist also die Hölle los, wie du dir denken kannst. Ich kriege einen solchen Haß auf Peter, daß ich ihn zu Tode foltern könnte. Manchmal, wenn ich nicht schlafen kann, liege ich da und denke mir die absonderlichsten Methoden aus, ihn zu quälen. *(Lacht)*

MARIANNE: Gibt es keinen Ausweg?

KATARINA: Ich kann keinen sehen.

MARIANNE: Hast du mit Peter gesprochen?

KATARINA: Du bist wirklich rührend.

MARIANNE: Was sagt er?

KATARINA: Er sagt, daß ich tun und lassen kann, was ich will. Das einzige, was ihn eine Spur interessiert, ist, inwieweit wir uns gegenseitig erniedrigen können. Er nennt das unseren Dehumanisierungsprozeß.

MARIANNE: Glaubst du, daß er einen Arzt braucht?

KATARINA: Er ging eine Zeitlang zur Analyse, aber dann bekam er es über und erklärte, der Psychiater sei ein Idiot.

MARIANNE: Kannst du dich nicht einfach aus dem Staub machen?

KATARINA: Eines Morgens, als ich aufwachte, war das Bett leer. Weißt du, wohin er verschwunden war?

MARIANNE: Nein.

KATARINA: Er stand oben im achten Stock in der Dachrinne und sah auf die Straße hinunter. Als ich ihn bat, herunterzukommen, sagte er, ich sollte mich nicht beunruhigen. Ich antwortete, ich wünschte, er würde sich das Leben nehmen. Da sagte er, so billig würde ich nicht davonkommen.

MARIANNE: Ihr habt euch doch früher einmal sehr wohl zusammen gefühlt?

KATARINA: Ich will dir etwas sagen, was mich selbst erstaunt. Mitten in dem ganzen Durcheinander empfinde ich eine hoffnungslose Zärtlichkeit für ihn. Ich glaube, seine Angst, sein Gefühl der Leere, seinen Überdruß und seine Panik zu verstehen. Und ich glaube, er weiß auf eine eigentümliche Weise etwas über mich, was niemand sonst weiß. Im Scherz sagt er manchmal, ich sähe aus wie eine Frau, sei aber durch und durch ein Mann. *(Lacht)* Irgendwie hat er recht. Wollen wir reingehen? Mir geht's besser.

Sie setzen sich zu JOHAN *und* PETER, *die eine Partie Schach gespielt haben.* JOHAN *verlor schnell, und da verging bei-*

den die Lust. JOHAN *serviert verschiedene Getränke.* MARIANNE *macht im Kamin ein Feuer an.*

PETER *(betrunken)*: Eigentlich ist es ganz verdammt ergreifend.

JOHAN: Was ist denn so ergreifend?

PETER: Eure Ehe. Johan und Marianne. Marianne und Johan. Es ist rührend. Da kommen einem die Tränen. Um die Wahrheit zu sagen: Man bekommt Lust, euren hübschen Luftballon mit einer Nadel anzustechen. Prost, ihr beiden.

KATARINA: Ihr seid seit zehn Jahren verheiratet, nicht wahr?

MARIANNE: Wir haben gerade unser zehnjähriges Jubiläum gefeiert.

PETER: Und keine Leichen im Keller.

JOHAN *(lacht)*: Man kann nie wissen.

KATARINA: Nein, das weiß man wohl nie.

MARIANNE: Sowohl Johan wie ich räumen gern auf.

PETER: Da hörst du's, Katarina. Wir beide, du und ich, sind mit dem Aufräumen ein bißchen zu schlampig gewesen. Aber jetzt wollen wir Dampf dahintersetzen, nicht wahr, Katarina. Nächste Woche rufe ich Marianne an und mache einen Termin fest, und dann soll sie unsere Scheidung regeln.

KATARINA *(betrunken)*: Leider wird Peter das bereuen, bevor er wieder nüchtern ist. Dann fängt nämlich die Rechenmaschine an zu rattern. Die wird folgendes sagen: Ich bin mit der Scheidung einverstanden, wenn Katarina auf die Guthaben in der Schweiz verzichtet. Und da werde ich antworten, es ist aber mein Geld, ich habe es verdient, und da wird Peter sagen, daß er es gewesen ist, der es vervielfacht hat, und daß ich die ganze verdammte Fabrik nehmen kann. Da werde ich antworten, das ist aber nett, aber was soll ich mit einer Fabrik in Italien, die immer unsicherer wird, je mehr die Produktionskosten steigen. Da wird Peter sagen, du kannst den ganzen Scheiß in Schweden nehmen mit Wohnung und Sommerhaus und Skihütte und die Boote und die Wagen und die Kunst und Aktien und Obligationen. Da antworte ich, danke, das ist ja anständig, daß du mir eine Riesenladung von Vermögensteuerobjekten überläßt. Verzeiht, daß ich unser angenehmes Zusammensein mit so trivialen Fragen ausfülle, aber wenn Peter anfängt, davon zu reden, daß wir uns auseinanderdividieren sollen, dann weiß ich genau, wieviel er getrunken hat und wie lange es noch bis zu den Beleidigungen dauert.

PETER: Das ist es ja, was ich die ganze Zeit sage. Katarina ist Geschäftsmann, mit gleich großer Betonung auf beiden Wörtern. Außerdem ist sie eine geniale Künstlerin. Außerdem hat sie einen Intelligenzquotienten von was weiß ich. Hübsch ist sie auch. Sie ist ein Prachtcharakter in Prachtverpackung. Wie ich es je geschafft habe, zwischen die Beine dieses Monstrums von Perfektion zu kommen, ist mir ein Rätsel.

KATARINA: Ich finde, wir sollten jetzt ein Taxi bestellen und nach Hause fahren, Peter. Es kann für Johan und Marianne nicht besonders lustig sein, diese Szene mitzuerleben.

PETER *(aufgeräumt)*: Johan und Marianne haben rote Seidenbänder um den Bauch und große Schleifen auf dem Rücken, genau wie die Marzipanschweine unserer Kindheit. Es ist sehr nützlich für ihre Moral, einen Blick in den untersten Kreis der Hölle zu werfen. Ich frage mich, ob es etwas Furchtbareres gibt als einen Mann und eine Ehefrau, die sich hassen. Was glaubt ihr? Ist Kindesmißhandlung vielleicht schlimmer? Ja, aber was denn? Katarina und ich sind doch zwei Kinder, verflucht noch mal. Im Kern ist Katarina ein kleines Mädchen, das dasitzt und weint. Sie ist hingefallen und hat sich verletzt, und es ist niemand gekommen, um sie zu trösten. Und ich sitze in der anderen Ecke und bin auch noch nicht erwachsen und weine, weil Katarina mich nicht lieben kann, obwohl ich böse zu ihr bin.

KATARINA: Für eines kann man jedenfalls dankbar sein. Und das ist, daß ich sicher weiß, daß nichts schlimmer sein kann als das hier. Darum sind wir jetzt, glaube ich, reif für die Scheidung.

PETER: Vorausgesetzt, du nimmst Vernunft an. Vorausgesetzt, wir unterschreiben gleichzeitig und zusammen mit zuverlässigen Zeugen sämtliche Papiere. So daß der eine den anderen nicht reinlegen kann. Wir rufen dich nächste Woche an.

MARIANNE: Ich will euch gern helfen. Wir haben einen außerordentlichen Wirtschaftsjuristen in der Kanzlei. Borglund, wenn du weißt, wer das ist. Er kann euch mit den finanziellen Abmachungen helfen.

PETER: Nun, Katarina, was hältst du davon?

KATARINA: Selbst wenn wir uns über das Geld einigen, wirst du mich nie ziehen lassen. Das weiß ich.

PETER: Glaubst du, daß du so unentbehrlich bist, meine

beste Katarina? Was bringt dich nur plötzlich auf solche Gedanken. Es wäre interessant, das zu erfahren. Würdest du die Güte haben, mir das zu erzählen?

KATARINA: Auf jeden Fall würdest du mich zwingen, mit dir zu schlafen, weil du sagst, daß du es mit einer anderen Frau nicht schaffst.

PETER: Dein Bedürfnis nach schlechtem Gewissen ist grenzenlos, und jetzt, wo es mit Jan zu Ende ist, bist du ein bißchen in Panik, nicht wahr, Katarina? Jetzt hast du nur noch den alten Peter, der sich um dich kümmert und der die rechte Geduld für dich aufbringt.

KATARINA: Aha, du glaubst, daß du der einzige bist. Das ist wirklich rührend. Ich will dir mal was sagen, Peter, ihr Lieben, verzeiht mir, daß ich jetzt ein bißchen offen werde, aber Peter fordert wirklich die Wahrheit heraus und braucht ein bißchen Aufklärung. Ich will dir mal was sagen, Peter, du ekelst mich so entsetzlich an, ich meine körperlich, daß ich mir wo auch immer eine Nummer *kaufen* würde, nur um dich aus meinen Geschlechtsorganen rauszuspülen.

PETER *(deklamiert)*: So geht ein Tag aus unserer Zeit und kommt nicht mehr, und noch eine Nacht mit dem Frieden des Herrn senkt sich auf die Erde hernieder.

KATARINA: Du widerliches verdammtes . . .

PETER *(deklamiert)*: Aber du bleibst, wer du warst, o Herr voller Gnade, und unsere Nächte, unsere Tage hast du nach deinem Ratschluß gezeichnet. Was auch immer darunter zu verstehen ist.

KATARINA *wirft das Glas mit Cognac auf* PETER. PETER *beginnt zu lachen, holt sein Taschentuch hervor und fängt an, sich abzutrocknen.* KATARINA *weint und rennt aus dem Zimmer.* MARIANNE *folgt ihr.* JOHAN *liest Glasscherben vom Teppich auf.*

PETER: Ich hoffe, daß es auf dem Teppich keine Flecke gibt.

Ich weiß nicht so recht, wie es mit Cognac ist. Notfalls kannst du mir eine Rechnung schicken. Gib mir bitte etwas Kaffee. Ich bin ziemlich betrunken. Du mußt uns wirklich entschuldigen, lieber Johan. Normalerweise führen wir uns nicht so auf. Aber ihr seid ja nun mal unsere Freunde. Unsere einzigen Freunde. Verzeiht mir. Verzeiht uns. Jetzt bestellst du bitte ein Taxi, und dann werde ich meine Bacchantin mit nach Hause nehmen, damit wir weitermachen und unsere Szene beenden können. Das Finale ist für Publikum meist nicht geeignet.

Später am Abend. Die Gäste sind gegangen.

JOHAN: Woran denkst du?
MARIANNE: An eine Menge Dinge.
JOHAN: Woran denkst du besonders?
MARIANNE: An Katarina und Peter, natürlich.
JOHAN: Das tu ich auch.
MARIANNE: Glaubst du überhaupt, daß zwei Menschen das ganze Leben lang zusammen leben können?
JOHAN: Das ist eine blöde, verdrehte Konvention, die wir wer weiß woher geerbt haben. Man sollte Fünfjahresverträge haben. Oder eine Abmachung, die von Jahr zu Jahr ginge und die man kündigen könnte.
MARIANNE: Sollten *wir* das haben?
JOHAN: Nein, wir nicht.
MARIANNE: Warum wir nicht?
JOHAN: Du und ich sind die Ausnahme, die die Regel bestätigt. Wir haben das Gewinnlos gezogen. In der großen Idiotenlotterie.
MARIANNE: Du glaubst also, daß wir das ganze Leben lang zusammenbleiben werden?
JOHAN: Das war eine seltsame Frage.
MARIANNE: Trauerst du nie darüber, daß du nie mit einer anderen Frau schlafen wirst als mit mir?

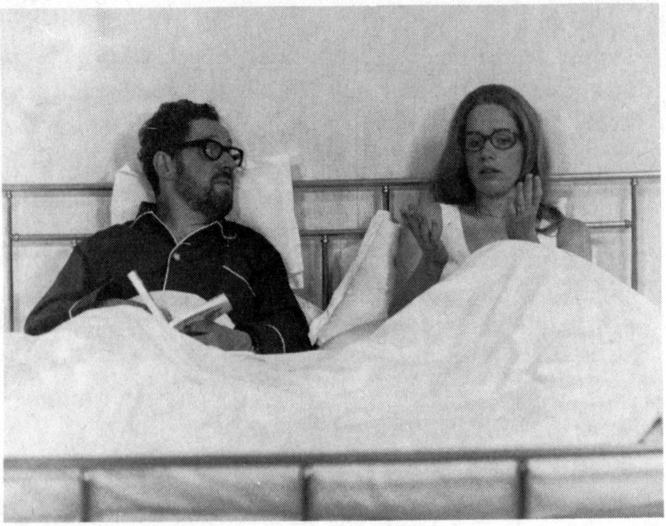

JOHAN: Tust du's?
MARIANNE: Manchmal.
JOHAN *(verblüfft)*: Aha. Sieh mal einer an.
MARIANNE: Aber das ist nur ein rein theoretisches Vermissen.
JOHAN: Ich frage mich, ob mit mir irgend etwas nicht stimmt, weil ich nie Phantasien dieser Art habe. Ich bin zufrieden.
MARIANNE: Das bin ich auch. Jetzt weiß ich ...
JOHAN: Was weißt du?
MARIANNE: Ich weiß, warum Katarina und Peter eine Hölle haben.
JOHAN: Aha.
MARIANNE: Sie sprechen nicht die gleiche Sprache. Sie müssen ihre Worte in eine dritte, begreifliche Sprache übersetzen, damit sie verstehen, was gemeint ist.
JOHAN: Ich glaube, daß es sich einfacher verhält.
MARIANNE: Denk an uns. Wir reden doch über alles, und wir verstehen uns augenblicklich. Wir sprechen die gleiche Sprache. Deshalb geht es so gut mit uns.

JOHAN: Ich glaube, es liegt am Geld.

MARIANNE: Wenn sie die gleiche Sprache gesprochen und einander vertraut hätten – wie wir es tun –, dann wäre das Geld kein Problem gewesen.

JOHAN: Du mit deinen Sprachen.

MARIANNE: In meinem Job stoße ich dauernd auf diese Dinge. Manchmal ist es, als würden Mann und Frau von kaputten Telefonen aus Ferngespräche miteinander führen. Mitunter kommt's mir vor, als hörte ich zwei fertige Tonbänder ab. Und manchmal gibt's das große planetarische Schweigen. Ich weiß nicht, was am schrecklichsten ist.

JOHAN: Ich frage mich trotzdem.

MARIANNE: Du mußt immer alles komplizieren.

JOHAN: Nimm mal an, du und ich würden in einer Fabrik arbeiten. Nimm an, wir hätten die Gören in einem Tagesheim untergebracht. Daß wir Schichtarbeit oder etwas in der Richtung hätten.

MARIANNE: Das ist gleichgültig.

JOHAN: Das glaube ich nicht.

MARIANNE: Spricht man die gleiche Sprache, so versteht man sich, wo immer man sich auch befindet.

JOHAN: Ich finde, das klingt wie Romantik.

MARIANNE: Glaubst du wirklich, daß wir es schlechter miteinander hätten, wenn wir ein solches Leben führten? Ist das wirklich dein Ernst?

JOHAN: Ja, es ist mein Ernst. Wirklich.

MARIANNE: Daß es um uns schlechter bestellt wäre?

JOHAN: Ja, das meine ich wirklich. Ungeachtet der Sprache.

MARIANNE: Glaubst du nicht, daß in dem Leben, das wir führen, genauso große Gefahren liegen, wir könnten uns entfremden oder einsam werden?

JOHAN: Absolut nicht. Menschen, die eine schwere und langweilige Arbeit haben, werden viel größeren Belastungen ausgesetzt. Das ist doch selbstverständlich, Marianne!

MARIANNE: Du bist dümmer, als ich geglaubt habe. Außerdem bist du derjenige, der romantisch ist.

JOHAN: Wir werden ja sehen.

MARIANNE *(ungeduldig)*: Was denn? Was werden wir sehen?

JOHAN: Das weiß ich nicht. Weißt *du*?

MARIANNE: Du willst mich nur ärgern.

JOHAN: Ja, das tu ich. Bist du nicht hungrig?

MARIANNE: Doch, fürchterlich.

JOHAN: Wie wär's mit einem Bier und einer Schnitte mit Leberpastete und Gurke?

MARIANNE: Das wäre Spitze.

MARIANNE: Komm her und setz dich zu mir aufs Sofa, Johan. Ich muß mit dir über etwas reden. Nein, sieh nicht so erschreckt aus. Es ist wirklich nichts Gefährliches.

JOHAN: Dies klingt wirklich bedrohlich.

MARIANNE: Willst du dir keinen Cognac eingießen?

JOHAN: Und du?

MARIANNE: Doch, ich nehm' einen. Du kannst mir ein Glas mitbringen.

JOHAN: Stört es dich, wenn ich rauche?

MARIANNE: Was das angeht, ist es jetzt besser geworden, also rauch du nur. Es macht nichts. Ich find's gemütlich.

JOHAN: So, jetzt sitze ich. Skål!

MARIANNE: Skål.

JOHAN: Nun, was willst du mir denn erzählen?

MARIANNE: Ich erwarte ein Kind.

JOHAN: Das habe ich doch schon vor drei Wochen gesagt. Und du hast geleugnet.

MARIANNE: Ich wollte dich nicht beunruhigen.

JOHAN: Ich bin kein bißchen unruhig.

MARIANNE: Was wollen wir jetzt tun?

JOHAN: Meinst du, du willst es abtreiben lassen?

MARIANNE: Ich möchte, daß wir beide darüber sprechen. Dann tun wir das, was wir gemeinsam beschlossen haben.

JOHAN: Ich finde, hier solltest du entscheiden.

MARIANNE: Warum soll ich entscheiden?

JOHAN: Das ist doch selbstverständlich. Du hast die Mühsal und die Verantwortung. Alternativ hast du die Freude und die Befriedigung.

MARIANNE: Willst du sagen, daß es dir gleichgültig ist, ob wir ein weiteres Kind bekommen?

JOHAN: Gleichgültig ist es mir wirklich nicht.

MARIANNE: Ich will wissen, was du meinst. Antworte ehrlich.

JOHAN: Das ist nicht so einfach.

MARIANNE: Ist es so schwierig, aufrichtig zu sein?

JOHAN: Du verlangst jetzt ein bißchen viel, Marianne.

MARIANNE: Was war dein erster Impuls?

JOHAN: Ich bin nicht so gebaut, daß ich irgendeinen ersten Impuls habe. In diesem Fall bin ich invalidisiert.

MARIANNE: *Willst* du noch ein Kind haben?

JOHAN: Ich habe jedenfalls nichts dagegen einzuwenden. Es könnte sogar sehr nett sein.

MARIANNE: Aber du kannst nicht behaupten, begeistert zu sein. Das bist du nicht. Antworte ehrlich.

JOHAN: Das ist doch wirklich die Höhe, was *ich* immerzu ehrlich sein soll. Kannst du mir nicht lieber erzählen, wie du selbst es gern hättest? Das wäre viel einfacher.

MARIANNE: Jetzt frage ich aber zufällig dich.

JOHAN: Ich denke darüber nach, wann wir das verdammte Gör eigentlich zusammengestümpert haben. Du hast doch immer deine Pillen genommen. Oder hast du das nicht?

MARIANNE: Auf der Reise habe ich sie vergessen.

JOHAN: Oh, verdammt. Warum hast du das nicht gesagt?

MARIANNE: Ich dachte, es würde nichts machen.

JOHAN: Sag mal, *wolltest* du etwa noch ein Kind?

MARIANNE: Ich weiß nicht.

JOHAN: So kannst du doch wohl nicht antworten.

MARIANNE: Ich habe vielleicht gedacht, daß, wenn es jetzt ein Kind gibt, dann soll es so sein, daß wir noch ein Kind kriegen.

JOHAN: Oh, Herrgott! Mein Gott! Mein Gott!

MARIANNE: Was ist mit dir los?

JOHAN: Und du willst eine moderne, effektive Berufsfrau sein, die in alle Himmelsrichtungen predigt, wie wichtig Familienplanung ist. Mein Gott.

MARIANNE: Ich gebe zu, daß es ein bißchen irrational ist.

JOHAN: Dann hast du dich also entschieden. Und in dem Fall ist nichts mehr zu machen. Oder?

MARIANNE: Ich habe vielleicht geglaubt, du würdest dich ein bißchen freuen.

JOHAN: O doch, schon. Ich freue mich schon.

MARIANNE: Ich bin im dritten Monat.

JOHAN: Dir ist überhaupt nicht schlecht gewesen.

MARIANNE: Im Gegenteil. Es ist mir noch nie so gutgegangen.

JOHAN: Unsere Mütter werden jedenfalls aus dem Häuschen sein. Was, glaubst du, werden unsere Töchter sagen?

MARIANNE: Ihre Toleranz ist im Augenblick grenzenlos. Auf eine Dummheit mehr oder weniger von unserer Seite kommt es also gar nicht an. Sie werden uns vergeben.

JOHAN: Na dann! Skål, Marianne, und möge er oder sie willkommen sein. Irgendwie finde ich, daß es richtig schön werden wird. Außerdem bist du so süß, wenn du einen dicken Bauch hast.

Es folgt ein langes Schweigen. Dann beginnt MARIANNE *zu weinen.* JOHAN *betrachtet sie verblüfft.*

JOHAN: Was ist denn *jetzt* schon wieder los?

MARIANNE: Nichts.

JOHAN: Natürlich ist was.

MARIANNE: Es ist absolut nichts.

JOHAN: Wie willst du's eigentlich selbst haben?

MARIANNE: Ich weiß nicht.

JOHAN: Es dürfte wohl eher so sein, daß wir beide keine weiteren Kinder haben wollen.

MARIANNE: Glaubst du?

JOHAN: Ich glaube, daß wir beide mit Entsetzen an das Stillen und Kindergeschrei und Wäsche und Aufpassen und nachts Aufstehen und den ganzen dämlichen Zirkus denken. Wir finden wohl beide, daß das hinter uns liegt.

MARIANNE: Ich habe so ein schlechtes Gewissen.

JOHAN: Warum das?

MARIANNE: Ich habe ein schlechtes Gewissen, weil ich mich erst nach einem Kind sehne und mit dem Gedanken spiele und mich freue, und dann, wenn es eine Tatsache ist, bereue ich wer weiß wie. Ich finde das einfach verrückt.

JOHAN: Warum mußt du immerzu alles mit moralischen Maßstäben messen.

MARIANNE: Es ist mein viertes Kind, Johan. Eins ist gestorben, und einem nehme ich das Leben.

JOHAN: Nein, zum Teufel, so kann man nicht argumentieren.

MARIANNE: *Ich* argumentiere jedenfalls so.

JOHAN: Es kommt ja drauf an, praktisch zu denken.

MARIANNE: Nein, das tut es nicht.

JOHAN: Worum geht's dann, wenn ich fragen darf?

MARIANNE: Es geht um Liebe.

JOHAN: Bist du jetzt nicht reichlich überspannt?

MARIANNE: Nein.

JOHAN: Kannst du nicht wenigstens erklären, was du meinst?

MARIANNE: Nein, das kann ich nicht, weil es ein Gefühl ist. Es ist, als ob ich aufgehört hätte, mich selbst als wirklich zu erleben. Auch du bist nicht mehr wirklich. Die Kinder auch nicht. Und dann kommt das mit dem Kind. *Das* ist wirklich.

JOHAN: Man kann die Sache auch umgekehrt sehen.

MARIANNE: Und da stehen wir nun mit all unserer armseligen verdammten Bequemlichkeit und Feigheit und Unwirklichkeit und schämen uns. Und Zärtlichkeit haben wir nicht. Und keine Liebe. Und keine Freude. Wir könnten dieses Kind sehr gut empfangen. Und ich glaube, daß es richtig war, daß ich mich darauf freute, als ich hier herumlief und von ihm phantasierte. Ich glaube, daß ich ein richtiges Gefühl hatte. Jetzt wäre ich *reif*, ein Kind zu haben.

JOHAN: Ich verstehe nicht, wovon du redest.

MARIANNE: Nein.

JOHAN: Du redest, als hättest du die Abtreibung schon hinter dir.

MARIANNE: In gewisser Weise habe ich das ja auch.

JOHAN: Man kann sich doch nicht selbst nur wegen seiner Gedanken verurteilen.

MARIANNE *(schreit auf)*: Dies ist ernst, Johan. *Es ist für unsere ganze Zukunft entscheidend.* Stell dir vor, wir täten jetzt etwas, was unwiderruflich wäre. Stell dir vor, es wäre ernst, Johan, und wir wüßten nicht, daß es ernst ist.

JOHAN: Was sind das für lächerliche, gespenstische, ungreifbare Forderungen, die du da aufstellst? Das ist doch der reine Aberglaube.

MARIANNE: Du verstehst nicht.

JOHAN: Nein, der Teufel soll mich holen, wenn ich ein Wort von dem begriffen habe, was du bis jetzt gesagt hast.

MARIANNE: Wir versuchen nur zu kneifen.

JOHAN: Wir versuchen Entscheidungen und dramatische Beschlüsse zu vermeiden, wenn es das ist, was du meinst. Und das finde ich gesund. *(Sieht Marianne traurig an)*

MARIANNE: Du siehst auch nicht gerade fröhlich aus.

JOHAN: Mir wird von diesem ganzen Gespräch übel.
MARIANNE: Johan!
JOHAN: Ja.
MARIANNE: Könnten wir dieses Kind nicht akzeptieren und uns darüber freuen? Könnten wir nicht ein bißchen mit ihm spielen und es einfach nur gernhaben, weil es ein Spielkind ist?
JOHAN: Ich habe gesagt, daß ich es nett fände, also darum brauchen wir uns nicht mehr zu kabbeln. Du bist es, die die Unterhaltung kompliziert hat. Nicht ich.
MARIANNE: Wollen wir also zu einem Entschluß kommen?
JOHAN: Entschuldige, aber wozu sollen wir uns entschließen?
MARIANNE: Wir entschließen uns, noch ein Kind zu haben.
JOHAN: Also gut, machen wir's so.
MARIANNE: Ich fühle mich ziemlich erleichtert.
JOHAN *(lieb)*: Es ist doch wohl nichts Besonderes, daß man sowohl will wie auch nicht will.
MARIANNE: Das ist es sicher nicht.
JOHAN: Das dürfte eher die Regel sein.
MARIANNE: Eigentlich ging es gar nicht um das Kind.
JOHAN: Nein, wahrscheinlich nicht.
MARIANNE: Sondern um dich und mich.
JOHAN: Mußt du noch mehr weinen?
MARIANNE: Ja, ich weiß nicht, was mit mir los ist.
JOHAN: Ich glaube, du brauchst einen Cognac.
MARIANNE: Ja, das wird mir guttun.

Einige Zeit später. MARIANNE *liegt in einem Bett.* JOHAN *kommt herein und setzt sich. Er ergreift ihre Hand.*

JOHAN: Wie fühlst du dich?
MARIANNE: Ach, danke.
JOHAN: War es unangenehm?
MARIANNE: Nicht sonderlich.

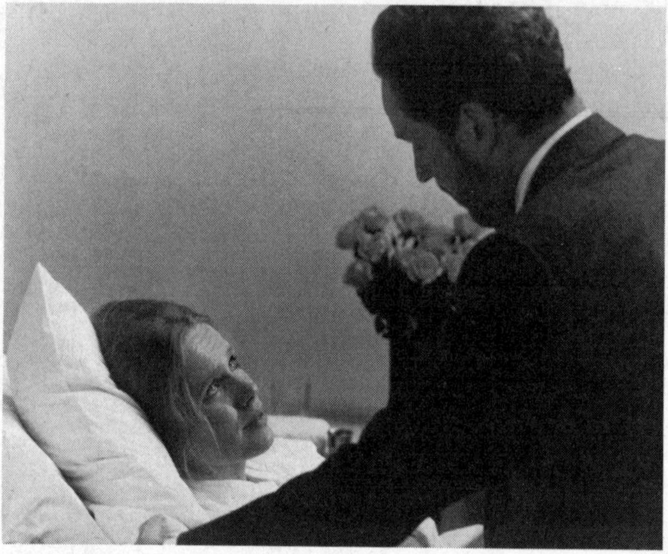

JOHAN: Der Doktor hat gesagt, daß du morgen wieder nach Hause kannst, spätestens übermorgen.

MARIANNE: Ich soll sehr viel schlafen.

JOHAN: Ich habe mir gedacht, daß wir beide eine Woche aufs Land fahren, wenn du wieder auf den Beinen bist. Ich glaube, vom zehnten an kann ich mir frei nehmen. Ich habe deine Mutter angerufen und sie gefragt, ob sie sich um die Mädchen kümmern kann, und sie war sehr entzückt. Von da her steht also nichts im Wege.

MARIANNE: Es wäre natürlich schön.

JOHAN: Ich habe gestern mit Göran und Sven gegessen. Sie glauben, daß Sture ausgerechnet in Pretoria Botschafter wird. Ich möchte gern wissen, was Aina über *diese* Ernennung sagen wird. Das wird ihrer Überheblichkeit hart zusetzen. Man stelle sich vor, freitags nicht mehr bei Prinzessin Sibylle zum Tee zu sein. Das wird sie nicht überleben.

MARIANNE: Wann wird darüber entschieden?

JOHAN: Das kann jeden Tag passieren.

MARIANNE: Hast du übrigens die Einladung zum Essen bei Egermans in Högsätra abgesagt?

JOHAN: Nein, das habe ich vergessen. Ich werde es aber sofort tun.

MARIANNE: Hast du mit den Eltern gesprochen?

JOHAN: Ich habe gesagt, daß du wegen einer kleinen Operation in die Klinik mußtest und daß das Ganze ein bißchen plötzlich kam, weil der Arzt eine Auslandsreise vorhat.

MARIANNE: Was hat Mama gesagt?

JOHAN: Sie schnaubte vor Mitgefühl und kann jede Minute hier eintreffen.

MARIANNE: Um Gottes willen.

JOHAN: Wenn du willst, rufe ich sie an und bitte sie, ihren Besuch zu verschieben. Ich kann ja sagen, daß du schläfst.

MARIANNE: Nein, nein, dann wird es nur schlimmer.

JOHAN: Hast du Schmerzen?

MARIANNE: Es ist nur etwas empfindlich.

JOHAN: Ich habe mir gedacht, daß wir über das Sommerhaus sprechen. Kannst du das jetzt? Oder möchtest du vielleicht ...

MARIANNE: Natürlich kann ich.

JOHAN: Wir sollten eine hübsche Veranda vors Haus bauen. Du weißt schon, so eine Bauernveranda. Blau gestrichen.

MARIANNE: Sollten wir nicht auch das Haus neu anstreichen?

JOHAN: Doch, daran habe ich auch schon gedacht. Dann müssen wir allmählich wohl auch das Dach neu decken. Das alte hält nicht mehr lange.

MARIANNE: Können wir uns das leisten?

JOHAN: Es muß nicht allzu teuer werden.

MARIANNE: Du wirst wohl mit Gustav drüber reden müssen.

JOHAN: Ja, ich werde mit ihm reden. *(Schweigen)*

MARIANNE: Johan.

JOHAN: Ja, mein Liebling.

MARIANNE: Du mußt meine Hand halten.

JOHAN: Ist es gut so?
MARIANNE: Ja.
JOHAN: Dann ist es gut.
MARIANNE *(flüstert)*: Johan.
JOHAN: Ja.
MARIANNE: Ich bereue so entsetzlich.

JOHAN *antwortet nicht, hält ihre Hand.*

MARIANNE: Es ist Wahnsinn.
JOHAN: Morgen geht es dir besser.
MARIANNE: *Was habe ich nur getan?*
JOHAN: Es hat keinen Sinn, so zu denken.
MARIANNE: Nein.
JOHAN: In ein paar Wochen hast du alles vergessen.
MARIANNE: Glaubst du?
JOHAN: Ich bin überzeugt, daß du es dann vergessen hast.
MARIANNE: Johan.
JOHAN: Ja.
MARIANNE: Ich verstehe nicht, wie ich darüber hinwegkommen soll.
JOHAN: Willst du nicht versuchen, ein bißchen zu schlafen?
MARIANNE: Doch.
JOHAN: Ich muß jetzt sowieso gehen. Paß auf dich auf.
MARIANNE: Also hej dann. Grüß die Mädchen.
JOHAN: Schlaf schön. Für den Fall, daß deine Mutter kommt – die Schwester soll ihr sagen, daß du schläfst. Ich sage der Schwester Bescheid.
MARIANNE: Ja, das ist vielleicht am besten. Versuch doch, sie anzurufen. Dann braucht sie nicht umsonst herzukommen.
JOHAN: Gute Idee.
MARIANNE: Du bist lieb.
JOHAN: Es ist gut, daß du das findest.
MARIANNE: Wir wollen es uns auf dem Land schön machen.

JOHAN: Wir werden schrecklich gut essen, und dann werden wir schlafen. Und dann werden wir fernsehen. Und nicht denken.
MARIANNE: Wir werden uns umarmen.
JOHAN: Schlaf schön jetzt.
MARIANNE: Vergiß nicht, den Egermans abzusagen.
JOHAN: Nein, das werde ich nicht vergessen.

MARIANNE *ist allein. Sie schließt die Augen, aber der Schlaf will sich nicht einstellen. Sie liegt da und starrt an die Decke. Die Tränen laufen. Sie seufzt immer wieder.*

Zweite Szene

Die Kunst, unter den Teppich zu kehren

Personen

JOHAN
KARIN UND EVA, ihre Töchter
FRAU JACOBI
SEKRETÄRIN
EVA

MARIANNE: Guten Morgen.
JOHAN: Hej, guten Morgen.
MARIANNE: Hast du gut geschlafen?
JOHAN: Wie ein Stein. Und du?
MARIANNE: Mm, danke. Das Dumme war nur, daß ich um fünf wach wurde, und dann konnte ich nicht wieder einschlafen.
JOHAN: Warum konntest du nicht einschlafen?
MARIANNE: Ich lag da und regte mich auf.
JOHAN: Muß ich ein schlechtes Gewissen haben?
MARIANNE: Ausnahmsweise bist du unschuldig, mein Liebling. Ich lag da und regte mich über dieses blöde Sonntagsessen mit den Eltern auf.
JOHAN: Aber wir essen doch sonntags immer mit den Eltern. Mit deinen oder mit meinen.
MARIANNE: Das ist doch verrückt.
JOHAN: Wir tun es ihretwegen.
MARIANNE: Jetzt werde ich jedenfalls anrufen und absagen.
JOHAN: Du willst absagen? Was, glaubst du, wird deine Mutter da sagen?
MARIANNE: Sie kann sagen, was immer sie will. Du und ich, wir werden einen schönen Sonntag für uns allein mit den Kindern haben.
JOHAN: Oh, wenn du *das* schaffst!
MARIANNE: Ich fühle, daß ich wütender und wütender werde.
JOHAN: Kriegst du deine Tage?
MARIANNE: Du glaubst immer, daß es die Tage sind.

JOHAN: Sind sie's denn nicht?

MARIANNE: Es kann sein, daß ich am Montag die Mens kriege, aber es brauchen doch nicht die Tage zu sein, wenn ich mit Recht wütend werde.

JOHAN: Aber, liebe Marianne, was ist denn?

MARIANNE: Denk selbst nach. Jeder Tag, jede Stunde, jede Minute unseres Lebens sind eingerahmt. Und in jedem Kasten steht geschrieben, was wir tun sollen. Die Kästen werden nach und nach und rechtzeitig ausgefüllt. Wenn plötzlich ein Kasten leer bleibt, werden wir ängstlich und füllen ihn sofort mit irgendwelchem Gekritzel aus.

JOHAN: Wir haben ja unseren Urlaub.

MARIANNE *(lacht)*: Johan! Du hast nicht das geringste von dem verstanden, was ich meine. Im Urlaub sind wir noch mehr als sonst eingepfercht. Alles ist übrigens Mutters Schuld. Aber auch deine Mama hat einen Beitrag geleistet.

JOHAN *(lacht)*: Was haben nun diese freundlichen kleinen Tanten Böses getan?

MARIANNE: Du verstehst nicht, also hat's auch keinen Sinn, darüber zu reden.

JOHAN: Willst du nicht die Mädchen wecken?

MARIANNE: Nein, heute können sie ausschlafen. Karin hat frei, und Eva hatte gestern abend leichte Halsschmerzen. Ich lasse sie heute zu Hause bleiben. *(Wütend)* So daß sie am Sonntag zum Essen mitkommen kann. Denn sonst gibt es so verdammt viele Kommentare und Fragen. Das mußt du doch zugeben.

JOHAN: Du wolltest doch absagen.

MARIANNE: Ich habe mir gedacht, daß du das machst.

JOHAN: Ich! O nein, herzlichen Dank. Ich lasse mich nicht auf irgendwelche Ausreden bei deiner Mama ein. Das mußt du schon selbst erledigen.

MARIANNE: Dann will ich noch deine Schwester anrufen und ihr sagen, daß ich keine Lust habe, am Freitag mit ihr zur Modenschau zu gehen. Dann will ich noch das Essen bei Bergmans am Freitag absagen. Sie werden kolossal eingeschnappt sein, aber das ist mir scheißegal. Dann mußt du noch sagen, daß wir zur Cocktailparty beim peruanischen Botschafter nicht kommen können. Und zum Französischkurs deiner Mutter werde ich nicht gehen, und heute abend habe ich auch nicht die Absicht, ins Theater zu gehen. Und du wirst dir nächste Woche frei nehmen, und wir werden zusammen verreisen. *(Hat plötzlich Tränen in den Augen)* Mein Gott, ist das blöd. So löst man keine Probleme.

JOHAN *(lieb)*: Wie hättest du's denn gern?

MARIANNE: Ich kann es nicht formulieren. Wir arbeiten beide hart. Das ist es nicht. Wir kommen dauernd mit Menschen zusammen. Auch das ist kein Fehler. Wir sind so oft wie nur möglich mit unseren Kindern zusammen. Auch das ist genau so, wie es sein soll. Wir haben fast nie Krach miteinander, und wenn wir uns streiten, so nehmen wir Vernunft an und hören einander zu und schließen einen tragfähigen Kompromiß. Es ist so gut, wie es nur sein kann.

JOHAN: Das klingt ja ideal.

MARIANNE: Trotzdem ist mir bange.

JOHAN *(lächelt)*: Und daran sind unsere Mütter schuld.

MARIANNE: Ja, ich glaube es beinahe, obwohl ich keine Beweise habe.

JOHAN: Da kann man nur noch den frommen Wunsch äußern, daß die reizenden Damen so schnell wie möglich sterben.

MARIANNE *(ernst)*: Irgend jemand hätte sie schon längst totschlagen sollen!

JOHAN: Steht übrigens nicht in der Bibel ...

MARIANNE *(zerstreut)*: Was denn? Was steht in der Bibel?

JOHAN: Nun, steht da nicht irgendwo: Du sollst deinen Vater und deine Mutter verlassen, auf daß es dir wohl ergehe und du lange leben mögest in dem Land, das der Herr dir gibt. Na, willst du nicht deine Mutter anrufen? Sie ist doch so eine ungeheure Frühaufsteherin.

MARIANNE: Haben wir nicht abgemacht, daß du absagen solltest?

JOHAN: Nein, mein Liebling. Ruf jetzt an. Ich werde deine Hand halten und dir eine moralische Stütze sein.

MARIANNE: Na schön, dann ruf ich an. Fühl mal, wie mir das Herz in der Brust klopft. Aber einmal muß man den ersten Schritt tun.

JOHAN: Das erste zarte Sprießen der großen Revolution. Nimmt niemand ab? Wie schön!

MARIANNE: Hallo. Guten Morgen, Fräulein Alm. Ist Mama zu Hause? Wie schön. Kann ich sie mal sprechen? Wie geht es übrigens Ihrem Knie, Fräulein Alm? Ach, ist es immer noch nicht besser. Ist es schlimmer geworden? Wie traurig. Was sagt denn der Doktor? Aha. Er hat kein Verständnis. Nein, so ist das heutzutage. *(Ändert den Tonfall)* Guten Morgen, Mama. Wie geht's dir? Na, das hört man aber gern. Ist Papa schon weg? Ach ja, er wollte ja aufs Land. Kannst du ihn denn einfach so allein ziehen lassen? Ach so, Erik ist bei ihm. Na, dann geht's ja. Ja, Mama, da gibt es etwas, worüber ich leider mit dir sprechen muß. *(Lange Pause, die Mutter spricht)* Genau das. Wie konntest du das wissen? Was wir für Gründe haben? Ich will mit Johan und den Kindern einen ganzen Sonntag lang zusammen sein. Nein, wir wollen nicht wegfahren. Nein, wir wollen nur nicht zum Essen kommen. *(Die Mutter spricht)* Ich glaube kein bißchen, daß Papa sich auf das Essen am Sonntag gefreut hat. *(Die Mutter spricht)* Ja, aber Mama, es soll doch ein Vergnügen sein und keine Verpflichtung. *(Die Mutter spricht)* Ja, ich verstehe. Ich verstehe. Schön, das habe ich nicht gewußt. Davon hast du aber auch wirklich nichts gesagt. *(Die Mutter spricht)* Mäßig entzückt, wenn ich ehrlich sein soll. Nein, nein, vergiß die ganze Geschichte, liebe Mama. Nein, nein. *(Die Mutter spricht)* Also gut, jetzt kommen wir wie verabredet. Doch, doch, es geht schon. Es geht ganz ausgezeichnet. Danke. Johan läßt grüßen. Also tschüs dann, kleine Mama. *(Legt den Hörer auf)*

JOHAN: Die Revolution wurde im Keim erstickt.

MARIANNE: Tante Elsa soll auch zum Essen kommen. Sie ist ja seit einem halben Jahr nicht mehr in der Stadt gewesen. Und sie hat sich schon *besonders* darauf gefreut, uns wiederzusehen. Und sie wird auch ein Geschenk für dich mitbringen. *(Wütend)* Mist!

JOHAN: Und dann hat deine Mutter schon Frau Danielson gebeten, zu kommen und das Essen zu machen. Und dann hat Papa sich so verteufelt darauf gefreut, uns zu sehen.

MARIANNE: Scheiße!

JOHAN: Ich finde jedenfalls, daß du mutig warst. *(Küßt sie)* Sagen wir also ein anderes Mal ab. Komm, sei jetzt nicht mehr traurig.

MARIANNE: Kommst du zum Essen nach Hause?

JOHAN: Es ist besser, wenn wir uns im Theater treffen. Sagen wir zwanzig nach sieben beim rechten Kartenschalter. Ich werde rechtzeitig dasein und die Karten abholen.

MARIANNE: Es ist auf jeden Fall merkwürdig.

JOHAN: Was ist denn so merkwürdig?

MARIANNE: Findest du's schön, nach Hause zu kommen?

JOHAN *(lieb)*: Ist gerade heute alles so kompliziert?

MARIANNE: Ich wünschte, wir beide würden uns im Bett verstecken und uns nur fest in den Armen halten und eine ganze Woche lang nicht aufstehen. Und dann würden wir beide weinen.

JOHAN: Diese Art Leben haben wir nicht gewählt.

MARIANNE: Wenn ich nur sicher wäre, daß *wir* gewählt haben und nicht unsere Mütter.

JOHAN: Du leidest an Mutterverfolgungswahn.

MARIANNE: Hast du *gewollt*, daß dein Leben so wird?

JOHAN: Ich finde, das Leben hat den Wert, den man ihm zumißt – weder mehr noch weniger. Ich weigere mich, unter dem Blickwinkel der Ewigkeit zu leben.

MARIANNE: Stell dir vor, wir beide würden anfangen, uns gegenseitig zu betrügen.

JOHAN *(verlegen)*: Aber, liebe Marianne.

MARIANNE: Ich meine nicht gelegentlich. Sondern ständig. Ich meine, wenn wir uns ernsthaft in jemand anderen verlieben würden. Was würdest du dann sagen?

JOHAN: Ich würde dich natürlich totschlagen.

MARIANNE *(seufzt)*: Manchmal wünschte ich ...

JOHAN: Was denn?

MARIANNE: Nichts. *(Kuß)* Tschüs, Liebling!

JOHAN: Tschüs! *(Kuß)*

MARIANNE: Warte einen Augenblick, Johan. Ich komme mit.

JOHAN: Ist es nicht besser, du nimmst deinen Wagen?

MARIANNE: Nein, ich bleibe auch in der Stadt. Dann fahren wir heute abend nach dem Theater zusammen nach Hause. Das ist viel besser.

JOHAN: Aber die Mädchen.

MARIANNE: Heute kommt Frau Andersson zum Saubermachen. Dann kann ich zu Hause anrufen und sie bitten, etwas für die Kinder zu kochen. Sie macht wunderbare Pfannkuchen. Warte noch ein bißchen, ich will nur reingehen und die beiden wecken.

JOHAN: Aber ich hab's eilig.

MARIANNE: Nur eine Minute.

MARIANNE *eilt zu den Töchtern ins Zimmer, und man hört, wie sie mit zwei schlaftrunkenen Prinzessinnen auf der Erbse umspringt.* JOHAN *greift zum Telefon, hält aber inne und legt den Hörer wieder auf. Im selben Augenblick ist* MARIANNE *zurück. Sie hat ihre Aktentasche genommen, und* JOHAN *hilft ihr in den Mantel. Dann begeben sie sich aus dem Haus. Es regnet heftig.*

JOHAN: Ich esse auf dem Weg ins Theater ein Würstchen.

MARIANNE: Vergiß übrigens nicht den Zahnarzt – drei Uhr. Beim letztenmal ...

JOHAN: Hab ich's vergessen, ich weiß, das hast du jetzt schon viermal gesagt. Ich muß übrigens noch den Wagen in die Werkstatt geben. Ein Rücklicht ist kaputt.

MARIANNE: Wie schön es ist, mit dir zu fahren. Wir sollten das viel öfter tun. Hast du schlechte Laune gekriegt, weil ich gebeten habe, mit dir zu fahren?

JOHAN: Ich mag keine Improvisationen, das weißt du doch.

MARIANNE: Bei mir ist es genau umgekehrt. Weißt du, manchmal glaube ich, daß ich den Tag so nehmen möchte, wie er gerade kommt. Essen, wenn ich hungrig bin, schlafen, wenn ich müde bin, lieben, wenn ich verliebt bin. Vielleicht sogar ein bißchen arbeiten, wenn ich Lust habe. Manchmal kriege ich eine unzähmbare Lust, mich nur treiben zu lassen und vielleicht zu sinken.

JOHAN: Wer hat die Lust nicht?

MARIANNE: *Du.* Du hast diese Lust nicht.

JOHAN *(plötzlich in scharfem Ton)*: Was weißt du davon?

MARIANNE *(lächelt)*: Nein, mein kleiner Liebling, ich glaube, daß ich dich allmählich recht gut kenne. Du bist viel zu gut angepaßt für solche Ideen. Du liebst Ordnung und klare Verhältnisse.

JOHAN: Das tust du auch.

MARIANNE: Ich weiß nicht. Tu ich das?

JOHAN: Du bist so verdammt pedantisch.

MARIANNE: Was du nicht sagst.

JOHAN: Du haßt seelische und körperliche Unordnung.

MARIANNE: Ach so, aha.

JOHAN: Verlaß dich drauf.

MARIANNE: Ich bin dessen nicht so sicher wie du.

JOHAN: Wessen?

MARIANNE: Wer ich eigentlich bin.

JOHAN: Ehe ich's vergesse: Liebe Marianne, bezahle deine Strafzettel fürs Falschparken. Du hast jetzt einen ganzen Haufen im Wagen. Das ist wirklich überflüssig.

MARIANNE: Zu Befehl, Herr Dozent. Mein Gott, regnet das. Ich hätte einen Schirm mitnehmen sollen. Und anständige Schuhe habe ich auch nicht an.

JOHAN: So, jetzt sind wir jedenfalls da.

Die Anwaltskanzlei liegt in einer stillen kleinen Straße. MARIANNE *gibt ihrem Mann einen Kuß auf die Wange und steigt aus dem Wagen.* JOHAN *winkt ihr zu und fährt an. Es regnet heftig, und* MARIANNE *eilt in den Hauseingang und hastet die Treppen hinauf. Es ist ein nobles, ehrwürdiges Mietshaus aus der Gründerzeit mit blanken Treppengeländern, farbigen Mosaikfenstern und schweren Marmorwänden.* MARIANNE *begrüßt in aller Eile die Sekretärin und den ersten Klienten des Tages, eine Frau, die im Vorzimmer sitzt und wartet. In ihrem Büro zieht* MARIANNE *andere Schuhe an und hängt die Kostümjacke in einen Schrank. Sie zieht sich eine bequeme Wolljacke an. Bittet die Klientin, einzutreten.*

MARIANNE: Bitte sehr, Frau Jacobi. Bitte, nehmen Sie Platz. Beim ersten Besuch, beim ersten Kennenlernen versuchen wir nur, das eigentliche Problem zu formulieren. Dann werden wir sehen, wie wir es lösen können.

FRAU JACOBI: Ich will mich scheiden lassen.

MARIANNE: Wie lange sind Sie verheiratet?

FRAU JACOBI: Seit zwanzig Jahren.

MARIANNE: Sind sie berufstätig, Frau Jacobi?

FRAU JACOBI: Nein, ich bin immer Nur-Hausfrau gewesen, wie man so sagt.

MARIANNE: Wie viele Kinder haben Sie?

FRAU JACOBI: Wir haben drei Kinder. Sie sind jetzt erwachsen. Der Jüngste macht gerade seinen Wehrdienst. Die Älteste ist verheiratet, und unsere zweite Tochter besucht die Universität und wohnt nicht zu Hause.

MARIANNE: Sie sind jetzt also allein, Frau Jacobi.

FRAU JACOBI: Ich habe ja meinen Mann, natürlich.

MARIANNE *(lächelt)*: Selbstverständlich. Ist Ihr Mann immer zu Hause?

FRAU JACOBI: Nein, er ist Lehrer. Lektor.

MARIANNE: Warum wollen Sie sich scheiden lassen, Frau Jacobi?

FRAU JACOBI: Es ist keine Liebe in unserer Ehe.

MARIANNE: Ist *das* Ihr Grund?

FRAU JACOBI: Ja.

MARIANNE *(vorsichtig)*: Aber Sie sind doch schon so sehr lange verheiratet. Ist es schon immer so gewesen, oder ...

FRAU JACOBI: Es ist schon immer so gewesen, ja.

MARIANNE: Und jetzt, wo die Kinder erwachsen sind, wollen Sie also aufbrechen, Frau Jacobi. Ist es so?

FRAU JACOBI: Mein Mann ist sehr ordentlich. Ich kann mich nicht über ihn beklagen. Er ist lieb und anständig. Er ist immer ein sehr guter Vater gewesen. Wir haben nie Krach miteinander gehabt. Wir haben eine gute Wohnung und ein gemütliches altes Sommerhaus, das wir von der Mutter meines Mannes geerbt haben. Wir interessieren uns beide für Musik und sind Mitglieder eines Kammermusikvereins – wir musizieren also selbst.

MARIANNE: Das klingt ja alles sehr gut.

FRAU JACOBI: Ja, das tut es. Aber es gibt keine Liebe in unserer Ehe. Es hat sie nie gegeben.

MARIANNE: Verzeihen Sie mir eine Frage. Haben Sie möglicherweise einen anderen Mann kennengelernt, Frau Jacobi?

FRAU JACOBI: Nein, das habe ich nicht.

MARIANNE: Und Ihr Mann?

FRAU JACOBI: Soviel ich weiß, hat er mich nie betrogen.

MARIANNE: Wird es nicht recht einsam für Sie werden?

FRAU JACOBI: Doch, das glaube ich schon. Aber ich nehme lieber diese Einsamkeit auf mich, als in einer Ehe ohne Liebe zu leben.

MARIANNE: Verzeihen Sie noch eine Frage. Wie äußert sich dieses Fehlen von Liebe?

FRAU JACOBI: Es äußert sich überhaupt nicht.

MARIANNE: Dann verstehe ich nicht.

FRAU JACOBI: Nein, das ist schwer zu erklären.

MARIANNE: Haben Sie Ihrem Mann gesagt, daß Sie die Scheidung wollen?

FRAU JACOBI: Natürlich habe ich das. Schon vor fünfzehn Jahren habe ich ihm gesagt, daß ich nicht mehr mit ihm zusammen leben will, weil es in unserer Ehe keine Liebe gibt. Er zeigte sich schrecklich verständnisvoll. Er bat mich nur, mit der Scheidung zu warten, bis die Kinder erwachsen seien. Jetzt sind sie alle drei erwachsen und haben das Heim verlassen. Jetzt kann ich also meine Scheidung verlangen.

MARIANNE: Und was sagt Ihr Mann dazu?

FRAU JACOBI: Er hat mich gebeten, es mir genau zu überlegen. Er hat mich hundertmal gefragt, was denn an unserer Ehe falsch sei, da ich mich scheiden lassen wolle. Ich habe ihm gesagt, daß es unmöglich ist, ein Verhältnis fortzusetzen, in dem es keine Liebe gibt. Da fragt er mich, worin diese Liebe denn bestehen sollte. Und ich habe ihm schon hundertmal gesagt, daß ich es nicht weiß, denn wie soll man etwas beschreiben, was es nicht gibt.

MARIANNE: Frau Jacobi, wie hat sich Ihr Verhältnis zu den Kindern entwickelt? Ich meine gefühlsmäßig.

FRAU JACOBI: Ich habe meine Kinder nie geliebt. Das weiß ich ganz sicher. Aber ich bin trotzdem eine ziemlich gute Mutter gewesen. Ich habe getan, was ich konnte, obwohl ich für die Kinder eigentlich nie etwas empfunden habe. *(Lächelt)* Ich kann mir vorstellen, was Sie jetzt denken.

MARIANNE *(fühlt sich ertappt)*: Ach so. Sie sind vielleicht Gedankenleserin, Frau Jacobi?

FRAU JACOBI: Ich glaube, Sie denken, diese Frau Jacobi ist aber wirklich eine humorlose und verwöhnte Frau. Sie hat alles, was man sich nur wünschen kann, hört aber nicht auf, über etwas Diffuses und weit Entferntes zu lamentieren, was sie Liebe nennt. Es gibt ja schließlich noch andere Dinge: Kameradschaft, Loyalität, Zärtlichkeit, Freundschaft, Gemütlichkeit, Wohlbefinden, Sicherheit.

MARIANNE: Ich habe vielleicht an etwas in dieser Richtung gedacht.

FRAU JACOBI: Jetzt will ich Ihnen mal etwas erzählen, Frau Anwalt. Ich laufe mit einer Vorstellung von mir selbst herum. Und diese Vorstellung stimmt nicht in einem einzigen Punkt mit der Wirklichkeit überein.

MARIANNE: Entschuldigen Sie eine Frage, eine persönliche Frage, Frau Jacobi. Ist es nicht so mit der Liebe, daß . . .

FRAU JACOBI: Was wollten Sie sagen?

MARIANNE: Ich weiß nicht.

FRAU JACOBI: Ich bilde mir ein, daß Möglichkeiten zur Liebe in mir liegen, aber das alles liegt sozusagen in einem verschlossenen Raum. Das Traurige ist nur, daß das Leben, das ich bisher geführt habe, meine Möglichkeiten mehr und mehr eingekapselt hat. Dagegen muß ich endlich etwas unternehmen. Der erste Schritt dazu muß also sein, daß ich die Scheidung einreiche. Ich glaube, daß mein Mann und ich einander auf eine – tödliche Weise im Wege stehen.

MARIANNE: Das ist erschreckend.

FRAU JACOBI: Ja, das ist erschreckend. Es ist nämlich sehr eigentümlich, was jetzt geschieht. Meine Sinne, ich meine Tastsinn, Sehvermögen, Gehör, fangen an, mich im Stich zu lassen. Ich kann zum Beispiel sagen, daß dieser Tisch ein Tisch ist, ich kann ihn sehen, ich kann ihn anfassen. Aber das Erlebnis ist schmal und dünn, wenn Sie verstehen, was ich meine.

MARIANNE *(plötzlich)*: Ich glaube, ich verstehe.

FRAU JACOBI: So ist es auch mit allem anderen. Musik, Düften, Gesichtern und Stimmen von Menschen. Alles wird grauer und ärmer, ohne Würde.

MARIANNE: Glauben Sie, daß Sie jetzt einen anderen Mann kennenlernen sollten?

FRAU JACOBI *(lächelt)*: Nein, überhaupt nicht. Ich mache mir keine Illusionen.

MARIANNE: Können Sie Ihren Mann dazu bringen, diesen Aufbruch zu verstehen?

FRAU JACOBI: Er wird nur bitter und gehässig werden und sagen, daß ich eine romantische Närrin bin, die an Wechseljahrbeschwerden leidet.

MARIANNE: Das beste wäre, wenn Sie Ihren Mann dazu bringen könnten, freiwillig in eine Scheidung einzuwilligen.

FRAU JACOBI: Er sagt, daß er sich um meinetwillen weigert. Ich würde das bereuen, sagt er.

MARIANNE: Aber Sie sind fest entschlossen?

FRAU JACOBI: Ich habe keine Wahl. Verstehen Sie, Frau Anwalt, was ich meine?

MARIANNE *(ausweichend)*: Ich glaube schon.

Plötzlich fällt MARIANNE *wieder etwas ein, und sie bittet* FRAU JACOBI, *sie einen Augenblick zu entschuldigen.* MA-

RIANNE *geht ins Vorzimmer und ruft vom Apparat der Sekretärin aus an.* JOHAN *nimmt am anderen Ende ab.*

MARIANNE: Hej, entschuldige, daß ich störe.

JOHAN: Macht nichts.

MARIANNE: Ich würde gern wissen, ob wir zusammen lunchen können.

JOHAN: Aber natürlich. Ich nehme aber natürlich nur einen Sandwich und eine Dickmilch. Um halb eins.

MARIANNE: Wo ißt du eigentlich immer? In dem Grillrestaurant, nicht wahr? Also, dann sehen wir uns da, kurz nach halb eins. Tschüs!

JOHAN *im Laboratorium. Er fotografiert die Trefferwerte auf den viereckigen weißen Papptafeln. Er steht auf einer Leiter. Das Telefon klingelt.* JOHAN *klettert widerwillig von der Leiter, flucht vor sich hin und nimmt den Hörer ab.*

JOHAN: Hallo. Ja, ich bin's. Ach so, du bist's, Tag, Mamachen, ich hab zuerst gar nicht gehört, daß du es bist. Es knackt so im Hörer. Ja danke, mir geht's gut. Und wie geht's dir selbst? Bist du unruhig. Was willst du damit sagen? Hat Mariannes Mutter dich angerufen? Was ist denn bloß eigentlich los? Hat sie sich auch Sorgen gemacht. Herrgott! Nein, nein, nein. Ich schwöre. Marianne und mir geht's ausgezeichnet. Wir sind gesund, stark, fröhlich und positiv und zusammen völlig besinnungslos glücklich. Es ist absolut gar nichts passiert. Ich schwöre es. Mama, mach dir keine Sorgen, bitte. Deine Intuition? Die hat dich diesmal auf die falsche Fährte geführt, das versichere ich dir. Marianne und ich fühlen uns ausgezeichnet zusammen, wirklich. Ich finde, du solltest Mariannes Mutter anrufen und sie von mir grüßen und ihr sagen, daß sie etwas Vernünftigeres tun soll, als mit dir am Telefon zu tratschen. Ich hab's jetzt ein bißchen eilig, liebe Mama. Ja, auf bald. Wir melden uns wie verabredet am Freitag. Grüß Papa, bitte. *(Legt auf)* Puuh! Ist das zu fassen! Phh!

Er entert die Leiter und geht wieder an seine Arbeit. Jemand klopft an die Tür.

JOHAN: Herein.
EVA: Hej.
JOHAN: Hej.
EVA: Störe ich?
JOHAN: Und wie.
EVA: Ich wollte nur mal sehen, womit du dich beschäftigst. Über dein Tun und Lassen sind die seltsamsten Gerüchte im Umlauf. *(Sieht sich um)* Was soll das denn werden? Sieht wirklich geheimnisvoll aus, muß ich sagen.
JOHAN: Solltest du nicht in Lund sein?
EVA: Doch, eigentlich. Aber die Studenten demonstrieren für das eine oder andere beherzigenswerte Ziel und haben folglich den Besuch der Vorlesungen eingestellt.
JOHAN: Wie nett.
EVA: Also, da bin ich. Was treibst du eigentlich? Rück mal raus mit der Sprache.
JOHAN: Guck selbst nach.
EVA: Was soll ich denn tun?
JOHAN: Nimm diesen Bleistift in die rechte Hand. Wenn ich das Licht im Zimmer ausmache, siehst du an der Wand direkt vor dir einen kleinen, kräftig leuchtenden unbeweglichen Punkt. Versuche, ihn mit der Bleistiftspitze zu treffen. Wenn du nicht triffst, dann mußt du dich allmählich ans Ziel herankritzeln. Diese Fernsehkamera nimmt deine Bemühungen auf einem Monitor auf. Bitte sehr.

Das Experiment wird durchgeführt. EVA *ist zum Schluß ziemlich verdrossen, weil sie den Punkt nicht getroffen hat.*

EVA: Nein, jetzt habe ich keine Lust mehr. Sei so nett und mach das Licht an.

JOHAN *(schaltet das Licht ein)*: Du bist vielleicht wütend geworden.

EVA: Ja, ziemlich anstrengend, das Ganze.

JOHAN: Stimmt. Man wird ziemlich nervös zum Schluß. Recht lustig, das Ganze, nicht wahr? Sieh mal her, guck mal. Hier bist du umhergeirrt und immer irritierter geworden.

EVA: Ja. Und was lernen wir nun daraus?

JOHAN: Das ist gerade das, was wir sehen werden. Dies ist nur der Anfang, verstehst du.

EVA: Aha. Ich hätte gern eine Zigarette.

JOHAN: Setz dich.

EVA: Jetzt habe ich schon sechs Tage nicht mehr geraucht. Es ist schrecklich.

JOHAN: Hast du Abstinenzbeschwerden?

EVA: Stefan ist verreist, und meine Freunde meiden mich. Ich werde wohl wieder anfangen zu rauchen, aber ich werd's wohl noch eine Weile versuchen, es sein zu lassen.

JOHAN: Nimm jetzt eine Zigarette. Hier, bitte sehr. Broméus hat seine Schachtel vergessen, als er gestern hier war und spionierte. So, ja.

EVA *(seufzt, zündet an, genießt, sitzt, genießt)*: Oh, das ist schön. Mein Gott, schmeckt das gut. Jetzt fühl' ich mich wieder wohl.

JOHAN: Dann kriegst du ein schlechtes Gewissen, und das ist auch schön. Heutzutage muß man aufpassen, daß man ja jede Gelegenheit zum Genießen wahrnimmt. *(Lächelnd)* Naa.

EVA: Ja, deshalb bin ich ja eigentlich hergekommen.

JOHAN: Das ist aber nett von dir.

EVA: Ich habe mich gestern nachmittag hingesetzt und deine Gedichtsammlung zweimal furchtbar genau durchgelesen.

JOHAN: Und?

EVA: Ich habe nichts verstanden.

JOHAN: Wirklich nicht? War es so seltsam?

EVA: Im Gegenteil.

JOHAN: Es war also nicht seltsam. *(Lächelt traurig)*

EVA: Es ist möglich, daß ich mich irre. Hat Marianne die Gedichte gelesen?

JOHAN: Nein, du bist die einzige, die sie in die Hand bekommen hat. Marianne interessiert sich nicht so für Poesie.

EVA: Sie sollte sich aber doch für dich interessieren.

JOHAN *(irritiert)*: Ja, das tut sie auch, aber nicht direkt auf diese Weise.

EVA *(sieht ihn lächelnd an)*: Ach so. Nein.

JOHAN: Daran ist nichts Eigenartiges. Du und ich sind seit den Studienjahren gute Freunde. Wir haben keine intimen Beziehungen miteinander. Von dir kann ich ein objektives Urteil bekommen, bevor ich zum Verlag gehe und versuche, die Gedichte gedruckt zu bekommen.

EVA: Das sollst du nicht tun.

JOHAN: Was denn.

EVA: Zum Verlag gehen.

JOHAN: Ist es so schlecht.

EVA: Es ist überhaupt nicht schlecht, Johan. Wenn es nur das wäre, hätte ich beinahe gesagt.

JOHAN: Du meinst, daß es gleichgültig ist.

EVA *seufzt still.*

JOHAN: Du meinst, daß das, was ich geschrieben habe, blaß und kindisch und zierlich ist. Du findest, es ist ein privates kleines Jammern. Ein bißchen seelische Onanie.

EVA: Ich will dir mal was sagen.

JOHAN: Ja.

EVA: In unserer Gruppe waren wir mehrere, die glaubten, aus dir würde mal was Besonderes werden. Wir fanden dich phänomenal. Du bist schneller vorangekommen als wir anderen, und wir bewunderten dich und waren wohl auch ein bißchen neidisch.

JOHAN: Was hat das mit den Gedichten zu tun?

EVA: Ich weiß nicht. Es fiel mir nur so ein.

JOHAN: Ja. Ich habe keinen Anlaß, mich zu beklagen.

EVA: Nun, dann ist es ja gut.

JOHAN: Bist du sicher, daß du die Gedichte nicht unter dem Eindruck deiner Abstinenzbeschwerden gelesen hast? Du stehst im Augenblick ziemlich im Stress.

EVA: Das ist durchaus möglich.

JOHAN: Glaubst du nicht, daß diese ganze unbehagliche Situation dadurch verursacht sein könnte, daß du seit sechs Tagen nicht mehr geraucht hast?

EVA: Das ist sogar sehr wahrscheinlich. *(Lächelt freundlich)*

JOHAN: Ich gedenke, andere meine Gedichte lesen zu lassen, bevor ich sie wegwerfe.

EVA: Aber, lieber Johan, das ist doch selbstverständlich.

JOHAN: Ich will sie an mehrere Verlage schicken. Damit ich die miese Qualität der Gedichte auch ordentlich bewiesen kriege.

EVA: Du bist schrecklich verletzt, nicht wahr.

JOHAN: Darauf kannst du einen lassen.

EVA: Dann verzeih mir.

JOHAN: Übrigens gibt es *einen* Menschen, der meine Gedichte mag.

EVA: Aha, wer ist das?

JOHAN: Jetzt bist du ganz schön neugierig, was?

EVA: Aber dann ist es doch gut, Johan. Einer dafür und einer dagegen. Laß dir keine grauen Haare wachsen wegen dem, was ich gesagt habe. Sagen wir, es ist nichts anderes als der Ausdruck von Nikotinbeschwerden. Also tschüs dann, mein Alter. Ich gebe das Manuskript unten am Eingang ab. Grüß Marianne. *(Dreht sich um)* Vergiß nicht, daß ich dich in allen Lebenslagen mag. Tschüs!

JOHAN: Tschüs.

Eva *geht und läßt* Johan *in seinem schwarzen Kubus allein zurück. Er greift zum Telefon, hält aber inne.*
Geht wieder an seine Fotoarbeit.

Das Grillrestaurant ist eng und voller Menschen. Johan *und* Marianne *haben an einem Fenster eine Andeutung von Tisch bekommen.*

Marianne: Wie nett, daß wir zusammen lunchen können. Es ist ziemlich lange her.

Johan: Und was hast du auf dem Herzen?

Marianne: Ich finde, wir beide sollten im nächsten Sommer zusammen verreisen. Wir haben es ja so arrangiert, daß wir gleichzeitig Urlaub nehmen können, und da wäre es doch eine gute Idee, rauszukommen. Hier, sieh mal, ich bin rumgegangen und habe in verschiedenen Reisebüros eine Menge Prospekte zusammengekratzt. Wenn man sich nur rechtzeitig anmeldet, kann man sich mit einer billigen Gesellschaftsreise auf den Weg machen. Dann kann man am Urlaubsziel eigene Pläne machen, ganz nach Lust und Laune. Nur die Reise selbst wird viel billiger.

Johan: Wir sollten also überhaupt nicht im Sommerhaus sein, meinst du?

Marianne: Dort können wir doch im ganzen Frühjahr und Herbst sein.

Johan: Und wohin sollten wir fahren?

Marianne: Irgendwohin. Wir sind ja zum Beispiel noch nie in Florenz gewesen. Oder wie wär's, wenn wir ans Schwarze Meer führen? Was sagst du dazu? Oder Afrika? Es gibt fabelhaft billige Reisen nach Marokko. Oder Japan. Stell dir vor, wir reisten nach Japan.

Johan: Warum diese plötzliche Reiselust?

Marianne *(macht eine Pause)*: Findest *du* denn nicht, daß es Spaß machen würde? Ich meine, einfach so abzuhauen.

JOHAN: Ich weiß nicht.

MARIANNE: Dann vergessen wir die ganze Geschichte. *(Sammelt die Prospekte zusammen)*

JOHAN: Bist du traurig?

MARIANNE: Wenn du schlecht gelaunt bist, kommst du immer mit einer sehr seltsamen Anklage: Du sagst, ich kümmere mich nicht um unsere Ehe. Das sagst du doch immer, nicht wahr? Jetzt wollte ich mich einmal um unsere Ehe kümmern.

JOHAN: Das ist sehr fürsorglich.

MARIANNE: Warum wirst du ironisch?

JOHAN: Ich bin überhaupt nicht ironisch. Ich *finde,* daß es fürsorglich ist. Es ist nur so, daß ich nicht glaube, daß ich Lust haben werde, mitten im Hochsommer irgendwo in der Welt herumzukutschieren. Wenn man statt dessen in einem Boot sitzen und angeln kann.

MARIANNE: Dann wird wohl alles wie gewöhnlich.

JOHAN: Du könntest die Kinder doch zu deiner Schwester schicken. Das wird eine kolossale Erleichterung.

MARIANNE: Nicht, wenn wir zu Hause bleiben.

JOHAN: Und warum nicht?

MARIANNE: Das würde einen sehr blöden Eindruck machen.

JOHAN: Na, wennschon.

MARIANNE: Das geht nicht. Und was, glaubst du, würde Mama sagen. Es würde ein Gezeter und Gejammer ohne Ende geben. Die Kinder würden das übrigens auch sehr seltsam finden. Wir könnten natürlich Valborg bitten, sie eine Woche oder höchstens zehn Tage zu übernehmen, aber auf keinen Fall länger.

JOHAN: Müssen wir so abhängig von dem sein, was alle finden?

MARIANNE: Jetzt verstehe ich nicht, worauf du hinauswillst.

JOHAN: Marianne!

MARIANNE *(plötzlich ernst)*: Ja, Johan.

JOHAN: Findest du das Leben langweilig?

MARIANNE: Nein. Was für eine Frage! Findest du's langweilig?

JOHAN: Ich weiß nicht. Ich habe nie in diesen Begriffen gedacht.

MARIANNE: Ich finde noch immer, daß das Leben spannend ist.

JOHAN *(sieht sie an)*: Was bist du süß, trotzdem.

MARIANNE: Ich mit meinen schrecklichen Haaren und diesem scheußlichen alten Pullover, und außerdem habe ich mich gar nicht angemalt.

JOHAN: Marianne!

MARIANNE: Gibt es etwas, was du mir sagen willst?

JOHAN: Kann es so heimtückisch eingerichtet sein, daß das Leben plötzlich schiefgeht? Ohne daß man weiß, wie es geschieht. Beinahe unmerklich.

MARIANNE *(leise)*: Meinst du uns?

JOHAN: Geht es darum, daß man eine Wahl trifft und falsch wählt? Oder ist es wie eine Spur, der man folgt, ohne überhaupt nachzudenken. Bis man da auf dem Müllhaufen liegt.

MARIANNE *(forschend)*: Ist etwas geschehen, Johan?

JOHAN: Nichts. Absolut nichts. Ich schwöre.

MARIANNE: Wir sind doch ziemlich aufrichtig zueinander, du und ich. Sind wir das nicht?

JOHAN: Ich glaube schon.

MARIANNE: Es ist scheußlich, was in sich reinzufressen. Man muß alles sagen, wie verdammt peinlich es auch sein mag. Muß man das nicht?

JOHAN *(irritiert)*: Natürlich, verdammt noch mal. Wie spät hast du's?

MARIANNE: Viertel nach eins.

JOHAN: Meine bleibt dauernd stehen. Was hast du übrigens gesagt? Ach ja, Aufrichtigkeit. Ich glaube, du meinst, auf der erotischen Ebene, wenn wir's präzisieren wollen.

MARIANNE: Manchmal finde ich, daß wir ...

JOHAN: Man kann nicht dauernd in der Nähe eines anderen Menschen leben. Das wäre zu ermüdend.

MARIANNE: Ja, *das* ist die große Frage.

JOHAN: Wie dem auch sei: Ich muß jetzt gehen.

MARIANNE: Ich mache einen kleinen Spaziergang. Ich will noch eine neue Hose für Karin kaufen.

JOHAN: Mein Gott, du hast doch gerade letzte Woche eine gekauft.

MARIANNE: Die war für Eva.

JOHAN: Können die ihre Hosen nicht voneinander erben? In meiner Kindheit gab's weiß Gott nichts anderes.

MARIANNE: Heutzutage geht's nicht mehr so zu, mußt du wissen, mein armer Liebling. Also tschüs, wir sehen uns im Theater.

JOHAN: Bis dann.

MARIANNE *(plötzlich)*: Weißt du, daß ich dich schrecklich gern mag? Weißt du das? Weißt du, daß ich schreckliche Angst habe, dich zu verlieren? Ich sollte diese lieben Wörter viel öfter sagen, ich weiß, daß sie für dich wichtig sind. Ich bin auf diesem Gebiet etwas unbegabt. Ich werde versuchen, mich zu bessern. Du bist so lieb. Und ich hab' dich so schrecklich, schrecklich gern.

JOHAN: Ich werde versuchen, das zu behalten.

MARIANNE: Also hej, und fahr vorsichtig.

MARIANNE *und* JOHAN *sind auf dem Heimweg im Auto, nachdem sie eine Vorstellung von Ibsens »Nora« gesehen haben.*

JOHAN: Ein Butterbrot und ein Bier werden jetzt guttun. Daß man das Essen überspringt und nur ein Würstchen zu sich nimmt, bevor man sich durch einen Ibsen-Abend hindurchkämpfen soll, das kann jeden in die Knie zwingen.

MARIANNE: Ich fand Nora gut.

JOHAN: Ja, schon, aber das Stück ist verdammt verstaubt. Das meinte übrigens schon Strindberg.

MARIANNE: Der war nur neidisch.

JOHAN: In den letzten hundert Jahren ist jedenfalls einiges geschehen. Allerdings nicht auf die Weise, die Ibsen sich erhoffte.

MARIANNE: Wirklich?

JOHAN *(lacht, gähnt)*: Die Frauenbewegung ist ein zu Tode gequatschtes Kapitel, Marianne. Heute können die Frauen machen, was immer sie wollen. Das Traurige ist nur, daß sie keine Lust haben.

MARIANNE *(lächelt)*: Aha, das ist aber interessant!

JOHAN: Die Frauen geben sich als Märtyrer. Das ist viel bequemer. Und das bedeutet vor allem, daß sie keine Verantwortung übernehmen müssen, wenn es brennt. Ich habe schon immer gefunden, daß die Frauenrechtlerinnen etwas unangemessen Pathetisches an sich gehabt haben. Besonders dann, wenn sie versucht haben, ihre Mitschwestern auf Trab zu bringen. Eine dösige, hohlköpfige, auf Null gebrachte Masse, die seit der Geburt bei sich selbst Gehirnwäsche betreibt. Hol mich der Teufel, es ist herzzerreißend.

MARIANNE: Wir stehen erst am Anfang. Warte nur ab, dann wirst du sehen.

JOHAN: Ich werde nie etwas zu sehen bekommen. In meinem Büro sitzen zwei Frauen mittleren Alters seit einer ungezählten Reihe von Jahren im selben Zimmer. Sie nennen sich noch immer Fräulein Schoultz und Frau Palmgren und lassen keine Gelegenheit aus, sich gegenseitig reinzulegen oder madig zu machen.

MARIANNE: Das war ein gewichtiges Argument.

JOHAN: Hast du je was von einem weiblichen Symphonieorchester gehört? Stell dir hundertzehn Frauenzimmer mit Menstruationsbeschwerden vor, die Rossinis Ouvertüre zur »Diebischen Elster« spielen sollen.

MARIANNE: Es ist ein Glück, daß niemand dich hört.

JOHAN: Frauen sind nicht ganz richtig im Kopf. Stell dir mal einen richtig beschissenen Kadaver von Mann vor, alkoholisiert und durch und durch verfault und reif für die Klapsmühle. Ich verspreche dir: Zahlreiche phantastische Frauen umkreisen die Überreste dieses Schweins wie große weiße Vögel. Der Kadaver stinkt, er mißhandelt sie – nichts hat irgendwelche Bedeutung. Lüstern glitzernde Augen, rote Wangen und Märtyrermienen verschmelzen in einer einzigen schönen Vereinigung. Irgendein Idiot von Vorkämpfer für die Rechte der Frauen – ich glaube, es war sogar irgendein progressiver Bischof – hat behauptet, die Frauen hätten schon so lange im Zustand der Unterdrückung gelebt, daß sie ihre Erniedrigung schließlich akzeptiert hätten.

MARIANNE *(lächelt)*: Nun, das ist ja unglaublich dumm.

JOHAN: Die Frauen haben sich von Anfang an die beste Rolle geschnappt. Kein Wunder, daß sie sie jetzt nicht mehr hergeben wollen, jetzt, wo sie gelernt haben, sie in Vollendung zu spielen, und außerdem erreicht haben, wonach sie immer gestrebt haben: das kollektive schlechte Gewissen der Männer, das den Frauen unglaubliche Vorteile bietet, ohne daß sie einen Finger krumm zu machen brauchen. Was sollen die Frauen im Reichstag oder in der Regierung? Das würde sie ja nur zwingen, eine Verantwortung mitzutragen. Sie würden ihre bequeme Oppositionsstellung verlieren. Sie würden gezwungen sein, ihre liebsten Laster aufzugeben: Kinder zu erziehen, sich unterhalten und unterdrücken zu lassen. Ich hörte mal eine Frau sagen: Aber haben wir Frauen nicht eine ganz besondere Begabung für Zärtlichkeit? Ich wagte nicht zu lachen, denn schließlich bin ich ja ein wohlerzogener Mann. Es sind aber solche Propagandaphrasen, die ihr drescht, wenn ihr euch aus einer kniffligen Lage herauswinden wollt. Ich möchte mal was anderes fragen: Haben Frauen nicht eine ganz besondere Begabung für

Roheit, Brutalität, Vulgarität und Rücksichtslosigkeit? *(Lacht)* Ich meine kein Wort von dem, was ich sage, und außerdem ist es mir scheißegal, wie es sich wirklich verhält.

Bier und Butterbrot auf dem Küchentisch. MARIANNE *hat ihr kleines Schwarzes ausgezogen und sich einen weißen Frotteemorgenmantel übergezogen.* JOHAN *sitzt in Hemdsärmeln da.*

MARIANNE: Heute nachmittag, als ich ins Büro zurückkam, saß Elsa, na ja, unsere Sekretärin, weißt du, weinend auf einem Sofa. Sie hatte Nasenbluten, und über dem einen Auge war alles dick geschwollen. Sie war von drei Jungen von etwa fünfzehn Jahren überfallen worden. Auf offener Straße. Die Passanten haben keinen Finger gerührt, sondern bloß rumgestanden und zugesehen. Dann kamen zwei tödlich angeödete Polizisten und vernahmen alle und schimpften Elsa ein bißchen aus, weil sie mit dem Gehalt in der Handtasche herumgelaufen war. Sie deuteten beinahe an, daß sie sich das selbst zuzuschreiben hätte.

JOHAN: Manchmal hat man das Gefühl, die gesamte Gesellschaft ist dabei, zusammenzukrachen.

MARIANNE: Als wir noch jünger waren, hatten wir noch so viele Hoffnungen.

JOHAN: Weißt du noch, als man uns zu Hause beinahe ausgesperrt hätte, weil wir am Ersten Mai mit dem Umzug mitgegangen waren?

MARIANNE: Und dann haben wir Amateurtheater gemacht.

JOHAN: Du warst gläubiger als ich.

MARIANNE: Und du hast mich beschuldigt, ich vernachlässige das Zuhause.

JOHAN: Das war in dem Winter, als wir alle die asiatische Grippe hatten. Und du versuchtest, dich zu deinen politischen Veranstaltungen zu schleppen, und außerdem bestandst du immer noch darauf, die Kinder ohne fremde Hilfe zu bewältigen, und außerdem wolltest du deinen Job perfekt machen. *Das* war ein Krach.

MARIANNE: Dann hörten wir damit auf. *(Pause)* Es machte Spaß, solange es währte.

JOHAN: Ja, vielleicht.

MARIANNE: Wir glaubten jedenfalls an die Zukunft der Menschheit.

JOHAN: Es ist immer schön, einen Glauben zu haben, das gebe ich zu. Und wir hatten außerdem die Freude, unsere Eltern zu reizen, und das war nicht am wenigsten wichtig. Was warst du damals übrigens wütend. Süß und wütend. Du warst als Sozialistin wirklich furchtbar attraktiv.

MARIANNE: Bin ich das jetzt denn nicht?

JOHAN: Was?

MARIANNE: Furchtbar attraktiv?

JOHAN: Doch, natürlich bist du attraktiv. Wieso?

MARIANNE: Ich habe auch darüber nachgedacht.

JOHAN: Muß es immer so sein, daß zwei Menschen, die lange zusammen leben, ein wenig müde werden.

MARIANNE: Müde sind wir doch wohl nicht geworden.

JOHAN: Aber beinahe.

MARIANNE *(nachgiebig)*: Es ist nur so banal, daß wir so viel zu tun haben. Und abends sind wir zu müde.

JOHAN: Marianne, dies war kein Vorwurf.

MARIANNE: Wirklich nicht?

JOHAN: Ehrenwort.

MARIANNE: Aber wir mögen uns auf jede erdenkliche Weise.

JOHAN: Nicht auf diese Weise. Nicht so sonderlich, jedenfalls.

MARIANNE: O doch, das tun wir wohl.

JOHAN: Es ist nur so, daß unser Zusammenleben voller Ausflüchte, Vorbehalte und Verbote geworden ist.

MARIANNE *(verletzt):* Ich kann nichts dafür, daß ich nicht finde, daß es soviel Spaß macht wie früher. Ich kann nichts dafür. Es gibt völlig natürliche Erklärungen dafür. Du darfst mich in dieser Hinsicht nicht beschuldigen und mir kein schlechtes Gewissen geben.

JOHAN *(lieb)*: Du brauchst nicht so empört zu werden!

MARIANNE: Ich finde es gut, wie es ist. Es ist weiß Gott nicht leidenschaftlich, aber man kann nicht alles verlangen. Es gibt wahrhaftig Leute, denen es schlechter geht.

JOHAN: O ja. Die gibt's ganz bestimmt.

MARIANNE: Es gibt noch andere Dinge im Leben als Sex. Wirklich.

JOHAN *(lacht)*: Aber, Marianne.

MARIANNE *(ein wenig weinerlich)*: Wenn du nicht zufrieden bist mit dem, was ich leisten kann, legst du dir am besten eine Geliebte zu, die etwas mehr Phantasie hat und ein bißchen aufregender ist. Ich gebe wahrhaftig mein Bestes.

JOHAN *(wird saurer)*: Ja, das ist es eben.

MARIANNE: Jetzt hast du diesen Gesichtsausdruck.

JOHAN: Ich habe keinen Gesichtsausdruck.

MARIANNE: Diese Miene und diesen Tonfall. Quetsch lieber aus dir raus, worauf du herumdruckst.

JOHAN: Das lohnt sich nicht. Du fährst ja immer gleich aus der Haut, egal, was ich zu diesem Thema sage.

MARIANNE: Aber nein. Jetzt höre ich zu. Vollkommen objektiv.

JOHAN: Ich frage mich manchmal, warum wir dieses Problem so schrecklich dramatisieren und komplizieren. Ist es nicht im Grunde eine ziemlich elementare Sache, daß man miteinander schläft? Ich kann mir nicht vorstellen, daß es je als ein riesenhaftes, alles überschattendes Problem gedacht war. Ich für meinen Teil glaube, daß deine Mutter schuld ist. Obwohl du's nicht magst, daß ich das sage.

MARIANNE: Ich finde es von dir nur so verflucht oberflächlich, so zu reden.

JOHAN: Sei nicht so harsch, Marianne. Ich bin ja lieb.

MARIANNE: *Du* findest jedenfalls, daß *ich* dafür verantwortlich bin, daß wir nicht mehr soviel Spaß miteinander haben.

JOHAN: Du hast eben gesagt, daß du dein Bestes gibst.

MARIANNE: Ja, das tu ich wirklich. Das tu ich wirklich, Johan.

JOHAN: Hörst du nicht selbst, wie scheußlich sich das anhört?

MARIANNE: Du glaubst also, daß ich lüge?

JOHAN: Nein, verdammt noch mal! Nein! Nein!

MARIANNE: Dann verstehe ich nichts mehr.

JOHAN: Wollen wir dieses Gespräch jetzt abschalten und statt dessen zu Bett gehen? Es ist wirklich spät geworden.

MARIANNE: Das ist typisch für dich. Erst bringst du eine riesige Abrechnung in Gang, und dann, wenn du mich ordentlich empört gemacht und aufgeregt hast, dann gähnst du und sagst, du bist müde und möchtest schlafen gehen.

JOHAN: Marianne! *(Pause)* Du leidest an einem vernichtenden Anspruch, was deinen Ehrgeiz betrifft. Darüber haben wir oft gelacht. Manchmal haben wir deswegen auch Krach gekriegt. Aber kann unser bedauernswertes Geschlechtsleben nicht einmal Urlaub bekommen von deinen ehrgeizigen Ansprüchen?

MARIANNE *(weint)*: Himmel, was du in diesem Punkt immer mit mir Krach haben mußt. Erst schimpfst du mit mir, weil ich nicht voll da bin, und dann wirfst du mir vor, daß ich mir Mühe gebe.

JOHAN *(sanftmütig)*: Ja, jetzt habe ich was Schönes angerichtet.

MARIANNE: Das hast du wirklich. Kannst du statt dessen nicht mal ein bißchen lieb sein? Das würde viel mehr helfen.

JOHAN *(gibt auf)*: Doch. Liebste Kleine. Jetzt sei nicht traurig. Es war dumm von mir, in dieser Geschichte herumzurühren.

MARIANNE: Laß dir mal eins gesagt sein. Man kann auch über diese Dinge zuviel reden.

JOHAN *(gibt auf)*: Ja, das mag schon sein.

MARIANNE: Es heißt zwar, daß man alles sagen soll und daß man nichts geheimhalten soll, aber gerade in dieser Sache glaube ich, daß es falsch ist.

JOHAN *(hat dies schon früher gehört)*: Ja, darin hast du sicher recht.

MARIANNE *(mit Energie)*: Es gibt Dinge, denen man erlauben muß, in der Dämmerung ihr Leben zu führen, vor Einsicht geschützt.

JOHAN: *(totaler Rückzug)*: Glaubst du wirklich?

MARIANNE: Davon bin ich völlig überzeugt. Wir machen einander traurig und verletzen einander unnötig, wenn wir so wie jetzt aufeinander losgehen. Und dann sitzen alle Stachel noch drin, wenn wir im Bett landen. Himmel, das wird so, als wenn man auf einem Nagelbrett liegt.

JOHAN *(lacht)*: Ja, ja.

MARIANNE *(mißtrauisch)*: Worüber lachst du?

JOHAN: Über das Nagelbrett.

MARIANNE *(gnädiger)*: Du hast gut lachen, du.

JOHAN: Können wir jetzt nicht schlafen gehen?

MARIANNE: Du mußt zugeben, daß du ungewöhnlich dumm und aufgeblasen und taktlos gewesen bist.

JOHAN: Ich bitte um Vergebung.

MARIANNE: Findest du, daß ich dir zuwenig Zärtlichkeit entgegenbringe?

JOHAN: Zärtlichkeit braucht Zeit.

MARIANNE: Du *kriegst* also auf jeden Fall zuwenig davon.

JOHAN: *Wir* kriegen zuwenig. Und geben zuwenig.

MARIANNE: Das war ja auch der Grund, warum ich wollte, daß wir im nächsten Sommer zusammen verreisen.

JOHAN: Ich finde, Zärtlichkeit sollte keine Ferienangelegenheit sein.

MARIANNE *(küßt ihn)*: Du bist jedenfalls lieb, obwohl du ein Idiot bist.

JOHAN: Dann ist es ja ein Glück, daß ich mit dir verheiratet bin.

MARIANNE *(küßt ihn)*: Du hast deine großen Augenblicke, aber dazwischen ist es scheußlich mittelmäßig.

JOHAN: In unserem Alter gehen jeden Tag zehntausend Gehirnzellen flöten. Und sie werden nie ersetzt.

MARIANNE *(küßt ihn)*: Bei dir müssen es zehnmal soviel sein, so dumm, wie du bist.

JOHAN: Du bist jedenfalls süß, auch wenn du schimpfst und Krach machst.

Er küßt sie und greift ihr an die Brust. Sie nimmt vorsichtig seine Hand weg. Er lacht etwas kurz, steht auf und gähnt. MARIANNE *lächelt etwas schuldbewußt.*

JOHAN: Jetzt schlafe ich schon beinahe.
MARIANNE: Ich gehe nur einen Augenblick zu den Kindern.

Als sie zu den Kindern ins Zimmer tritt, entdeckt sie, daß KARIN *wach liegt, ganz still, ohne einen Finger zu bewegen.*

MARIANNE: Aber Kajsa, schläfst du nicht?
KARIN: Nein.
MARIANNE: Warum denn nicht?
KARIN: Ich will nicht schlafen, denn dann träume ich so schrecklich.
MARIANNE: Was träumst du denn?
KARIN: Immer wenn ich einschlafe, träume ich, daß Krieg ist.
MARIANNE: Willst du vielleicht ein Glas Milch haben?
KARIN: Ja, bitte.

MARIANNE *geht in die Küche und holt ein Glas Milch. Als sie wieder hereinkommt, ist* KARIN *eingeschlafen.* MARIANNE *stellt das Glas auf den Nachttisch und stiehlt sich leise aus dem Zimmer; sie läßt die Tür angelehnt.* JOHAN *hat sich bereits in dem großen Ehebett zur Ruhe gelegt. Er liest mit der Brille auf der Nase. Auch* MARIANNE *nimmt ein Buch vom Nachttisch und setzt sich die Brille auf, trinkt einen Schluck Wasser, nimmt eine kleine Pille und legt sich bequem zurecht. Kurz darauf löscht* JOHAN *seine Lampe.* MARIANNE *macht auch auf ihrer Seite das Licht aus.*

JOHAN: Gute Nacht.
MARIANNE: Gute Nacht, Liebling.
JOHAN: Hast du den Wecker gestellt?
MARIANNE: Ja, ich hab's tatsächlich nicht vergessen. *(Pause)* Johan! Wenn du willst, daß wir miteinander schlafen sollten, dann ...
JOHAN: Danke für das Angebot, aber jetzt schlafe ich. Gute Nacht, Liebling.
MARIANNE: Gute Nacht. Schlaf schön.

Dritte Szene

Paula

Personen

MARIANNE
JOHAN
KARIN UND EVA, ihre Töchter

Das Sommerhaus. Es ist später Abend.

MARIANNE *hat sich schlafen gelegt und ist kurz vor dem Einschlafen. Als sie den Wagen auf dem Hof hört, wird sie sofort hellwach und munter. Sie springt mit einem Satz aus dem Bett und saust im Nachtgewand die Treppe hinunter.* JOHAN *kommt gerade von der Veranda herein und stellt seine kleine Tasche ab.*

Bevor er Zeit hat, seinen Mantel abzulegen, legt sie ihm die Arme um den Hals, drückt ihn heftig an sich und gibt ihm vier schmatzende Küsse.

MARIANNE: Du kommst jetzt schon? Du wolltest doch erst morgen wieder hier sein. Ich find's zu schön. Hast du Hunger? Und ich liege hier mit Lockenwicklern rum. Wie lieb von dir, schon heute abend zu kommen. Die Kinder schlafen, wir haben uns schon früh ins Bett gelegt. Im Fernsehen gab's nichts Besonderes, und wir fanden es schön, mal früh schlafen zu gehen. Heute haben die Mädchen und ich übrigens einen Fasttag eingelegt. Willst du ein Omelette haben oder eine Schnitte mit Leberpastete und ein Bier?

JOHAN: Oh, danke, du, das würde mir guttun.

MARIANNE: Oder willst du was Ordentliches zu essen haben? Soll ich dir ein paar Spiegeleier braten und ein bißchen Schinken? Oder soll ich dir eine Suppe aufwärmen?

JOHAN: Ein Butterbrot und ein Bier wären ganz große Klasse. Ich soll dich übrigens von Peter und Katarina grüßen. Sie wollen dich am Montag im Büro anrufen.

MARIANNE: Ja, das ist eine lange und zermürbende Geschichte. Die Ärmsten.

JOHAN: *Werden* sie sich nun scheiden lassen? Ich habe das Gefühl, als wüßten sie nicht, was sie wollen.

MARIANNE: Findest du das eigentlich seltsam? Ich habe sie gebeten, je einen Anwalt zu nehmen, aber sie wollen nicht. Willst du dich nicht ausziehen? Ich nehme das Tablett mit ins Schlafzimmer.

JOHAN: Nein, ich finde es besser, daß wir in der Küche sitzen bleiben.

MARIANNE: Und ich habe mir Sorgen gemacht, du könntest eine Wut auf mich haben.

JOHAN: Warum sollte ich eine Wut auf dich haben?

MARIANNE: Oh, das weißt du doch! Gestern abend am Telefon war ich ja alles andere als nett.

JOHAN: Ach so, das meinst du! Ich bitte dich, das war doch nichts.

MARIANNE: Ich rief dich sofort wieder an, aber da hattest du wohl den Stecker rausgezogen.

JOHAN: Ich war gestern abend ziemlich müde. Ich war gestern den ganzen Tag mit diesem Dünnmann vom Ministerium im Institut. Ich frage mich manchmal, was es für Idioten sind, die in den staatlichen Kommissionen sitzen und über unser Wohl und Wehe bestimmen.

MARIANNE: Ich finde jedenfalls, daß ich mich gestern abend dir gegenüber dumm benommen habe. Ja, das finde ich.

JOHAN: Können wir das nicht einfach vergessen?

MARIANNE: Du bist vielleicht ulkig, nie willst du etwas zu Ende diskutieren. Ich habe gar nicht vor, langatmig zu werden, Liebling. Ich will nur eins sagen: Ich finde, du hast recht. Ich habe auch recht. Auf eine andere Art. Wenn du nicht im Smoking ausgehen willst, ist das ausschließlich deine Sache. Darin hast du wirklich recht. Aber andererseits finde ich, daß du dir ruhig einen neuen Smoking zulegen könntest.

JOHAN: Ich mag keinen Smoking. Ich fühle mich in einem

Smoking nicht wohl. Ich finde, er ist ein idiotisches Kleidungsstück. In einem Smoking fühle ich mich wie ein aufgeputzter Schimpanse.

MARIANNE: Ja. Ich erinnere mich, daß du das gesagt hast. *(Lacht)* Jetzt wollen wir aber nicht wieder anfangen, uns zu zanken. Ich liebe dich, auch wenn du dich nicht in einen Smoking werfen willst. Es ist nicht absolut entscheidend für unsere Ehe.

JOHAN: Gestern abend hatte es den Anschein.

MARIANNE: Ich habe ja schon gesagt, daß ich unrecht hatte. Wenn ich dich so essen sehe: Mein Gott, kriege ich einen Hunger. Ich werde mir wohl auch eine Schnitte nehmen müssen. Es ist nicht zu ändern. Mir wird ganz schwindelig im Kopf vor Hunger. Letzte Woche habe ich fast vier Pfund abgenommen. Sieht man das nicht?

JOHAN: Nein.

MARIANNE: Ich spür's jedenfalls, das kann ich dir versichern. Manchmal finde ich, daß alles vollkommen sinnlos ist. Warum soll man sich nicht all das Gute gönnen, was es auf dieser Welt gibt? Warum darf man nicht groß und dick sein und gute Laune haben? Stell dir vor, wie angenehm wir beide werden würden. Erinnerst du dich noch an Tante Miriam und Onkel David? Wie nett waren die beiden, und wie schön hatten sie's zusammen, und wie dick waren sie. Und jeden Abend legten sie sich in das große knarrende Doppelbett und hielten sich bei der Hand und waren zufrieden, einander zu haben, so dick und so fröhlich, wie sie waren. Können du und ich nicht auch so werden wie Tante Miriam und Onkel David und immer Sicherheit und Geborgenheit ausstrahlen? Willst du, daß ich die Lockenwickler rausnehme?

JOHAN: Tu dir keinen Zwang an.

MARIANNE: Doch, das tu ich. Ich weiß, daß du sie nicht magst. Nein, heute abend wird nicht diskutiert. Komm jetzt, Liebling, gehen wir schlafen. Du mußt schrecklich müde sein, und ich bin auch reif für's Bett, obwohl ich ein

Stündchen geschlafen habe, bevor du kamst. Was ist denn, Johan? Bist du über irgendwas traurig? Ist etwas geschehen? Was ist es? Sag mir, was es ist.

JOHAN: Ich bin heute abend hergekommen, weil ich mit dir über etwas sprechen will. Ich habe mich verliebt, verstehst du. Es ist unerhört lächerlich, und vielleicht ist es der reine Wahnsinn. Wahrscheinlich ist es der reine Wahnsinn. Ich habe sie während des Kongresses im Juni kennengelernt. Sie war Dolmetscherin und Sekretärin. Das heißt, eigentlich ist sie Studentin und bereitet sich auf ihr Examen vor. Sie will Lehrerin für slawische Sprachen werden. Sie ist keine sonderlich auffallende Erscheinung. Du würdest sie wohl eher häßlich finden. Ich weiß überhaupt nicht, wohin das alles führen soll. Ich weiß überhaupt nichts. Ich bin total durcheinander. Natürlich freue ich mich irgendwie. Aber deinetwegen und wegen der Kinder habe ich ein verflucht schlechtes Gewissen. Wir haben's doch immer so gut miteinander gehabt. Nicht wahr. Ich meine, es war wohl nicht besser oder schlechter als bei den meisten Menschen. Sag doch was, verdammt noch mal.

MARIANNE: Ich weiß nicht, was ich sagen soll.

JOHAN: Du findest es vielleicht schlecht von mir, daß ich nicht schon eher davon erzählt habe. Aber ich wußte nicht, wie es werden würde. Ich dachte, vielleicht geht es vorbei. Es ist sicher nur etwas Vorübergehendes. Ich will dich also nicht beunruhigen.

MARIANNE: Es ist wirklich seltsam.

JOHAN: Was ist denn so seltsam?

MARIANNE: Daß ich nichts begriffen habe. Daß ich nicht mißtrauisch geworden bin oder was gemerkt habe. Alles ist ja immer wie gewöhnlich gewesen. Zwischen uns war's sogar besser als sonst. Du warst so lieb zu mir. Ich bin nur wie ein gutgläubiges Dummerchen herumgelaufen und habe nichts gewußt. Es ist zum Kotzen.

JOHAN: Nein, du hast nichts verstanden. Aber du bist auch

nie besonders scharfsichtig gewesen. Besonders dann nicht, wenn es um unsere Beziehungen zueinander ging.

MARIANNE: Was wollen wir jetzt denn tun?

JOHAN: Ich weiß nicht.

MARIANNE: Willst du dich scheiden lassen? Willst du sie heiraten? Warum mußt du übrigens ausgerechnet heute abend über all dies sprechen? Warum ist es plötzlich so eilig?

JOHAN: Wir fahren morgen nachmittag nach Paris.

MARIANNE *sieht ihn an, schweigt.*

JOHAN: Ich will von allem hier wegkommen. Auf jeden Fall für eine gewisse Zeit. Etwas später im Herbst wäre ich ohnehin runtergefahren, um Grandin und seinen Assistenten zu treffen. Und Paula hat ein Stipendium bekommen und will es in diesem Herbst nutzen. Ich will mit ihr zusammen sein. Ich kann nicht ohne sie sein. Wir reisen also morgen nachmittag zusammen ab.

MARIANNE *sieht ihn an, schweigt.*

JOHAN: Jetzt, wo ich mit dir spreche, jetzt, wo ich zu Hause bin, würde ich alles am liebsten sausen lassen. Ich fühle mich nur noch ängstlich und müde.

MARIANNE *sieht ihn an, schweigt.*

JOHAN: Nichts kann dümmer, banaler und lächerlicher sein als dies. Ich weiß genau, was du denkst, und ich habe keine Ausreden, mit denen ich dir kommen könnte.

MARIANNE: Wie kannst du wissen, was ich denke?

JOHAN: Ich versuche, kein schlechtes Gewissen zu haben. Das ist aber trotzdem nur so etwas wie Koketterie. Es *ist* ja so, wie es ist, Marianne. Es ist nicht zu ändern.

MARIANNE *sieht ihn an, schweigt.*

JOHAN: Es ist besser, nicht zu reden. Was Vernünftiges gibt's ohnehin nicht zu sagen. Jetzt weißt du die Wahrheit, und das ist die Hauptsache.

MARIANNE: Ich weiß gar nichts. Wollen wir schlafen gehen? Es ist spät geworden. Und du willst morgen sicher früh los.

JOHAN: Ich habe um neun eine Konferenz.

MARIANNE: Dann schlage ich vor, daß wir schlafen gehen.

Sie gehen die Treppe zum Schlafzimmer hinauf. MARIANNE *sitzt im Bett und sieht* JOHAN *beim Ausziehen zu. Er wird unter ihrem Blick verlegen, um so mehr, als er einige belastende Flecke auf der Brust hat.*

MARIANNE: Du hast Lutschflecke auf der Brust.

JOHAN: Ich weiß.

MARIANNE *(lächelnd)*: Wie taktlos von euch.

JOHAN: Weißt du, ob mein grauer Anzug hier oder in der Stadt ist? Ich habe ihn schon gesucht.

MARIANNE: Der ist in der chemischen Reinigung.

JOHAN: Ziemlich ärgerlich.

MARIANNE: Wolltest du ihn auf der Reise anhaben?

JOHAN: Ja, natürlich.

MARIANNE: Ich habe den Zettel, falls du ihn abholen willst.

JOHAN: Das schaffe ich nicht. Ich bin den ganzen Tag besetzt, bis drei Uhr, und dann ist es soweit.

MARIANNE: Wenn du willst, kann ich in die Stadt fahren und ihn für dich holen. Ich packe auch gern für dich, wenn du willst. Packen ist sowieso nicht deine Stärke.

JOHAN: Nein, danke.

MARIANNE *(lächelnd)*: Wie dumm du bist.

JOHAN: Ja, ich bin tatsächlich etwas konventionell.

MARIANNE: Sonst hast du, glaube ich, alles, was du brauchst. Saubere Hemden und Unterwäsche sind hier, also die

Sachen kannst du gleich von hier mitnehmen. Kannst du auf der Reise denn nicht den Blazer und die Flanellhosen tragen? Das sieht doch gut und jugendlich aus.

JOHAN: Wenn du meinst.

MARIANNE: Wie lange bleibst du weg?

JOHAN: Ich weiß nicht. Es kommt darauf an.

MARIANNE: Wie meinst du?

JOHAN: Ich habe sechs Monate unbezahlten Urlaub verlangt und bekommen. Außerdem habe ich noch für einen Monat Arbeit, die ich mir mitnehme. Es werden also sieben bis acht Monate, mindestens.

MARIANNE *(geschlagen)*: Oh.

JOHAN: Es ist besser, gleich einen richtigen Schnitt zu machen.

MARIANNE: Glaubst du, daß ich noch da bin, wenn du zurückkommst?

JOHAN: Das ist mir scheißegal.

MARIANNE: Ich verstehe.

JOHAN: Weißt du, wie lange ich das mit mir herumgetragen habe? Kannst du's erraten? Ich meine nicht diese Sache mit Paula, sondern den Gedanken, dich und die Kinder und das Zuhause zu verlassen. Kannst du's erraten?

MARIANNE *(sieht ihn erschreckt an)*: Sag's nicht.

JOHAN: Seit vier Jahren habe ich dich loswerden wollen. Es ist aber nicht so, daß ich dich nicht mag. Das darfst du nicht glauben.

MARIANNE *(zieht das Laken vors Gesicht)*: Nicht mehr jetzt, bitte.

JOHAN: Nein, du hast recht. Es wird nur Geschwätz.

MARIANNE: Wovon willst du leben? Ich meine, jetzt, während des unbezahlten Urlaubs? Du mußt auf jeden Fall Unterhalt für die Kinder zahlen.

JOHAN: Keine Sorge. Ich habe so viel, daß ich über die Runden komme.

MARIANNE: Dann mußt du Einkünfte haben, von denen ich nichts weiß.

JOHAN: So ist es, Marianne. Das stimmt.

MARIANNE: Und wie kommt das?

JOHAN *(wütend)*: Hör mir jetzt mal zu, verflucht noch mal, obwohl du nicht das geringste damit zu schaffen hast. Ich habe das Boot verkauft, und dann habe ich ein Darlehen aufgenommen, für das Frid netterweise gebürgt hat. Vom ersten September an zahlt die Bank an dich und die Mädchen eintausendsechshundert Kronen im Monat. Bis auf weiteres. Wie's dann weitergeht, werden wir sehen, wenn ich wieder nach Hause komme. Du wirst wohl mit einem deiner Kollegen in der Kanzlei sprechen müssen. Mir ist das schnuppe. Nenn deinen Preis. Ich gedenke nichts mitzunehmen, es sei denn vielleicht meine Bücher, wenn du nichts dagegen einzuwenden hast. Ich will nur verschwinden, hörst du? Ich löse mich in Luft auf. Ich werde alles zahlen, was in meinen Kräften steht, um für dich und die Kinder zu sorgen. Ich selbst bin bedürfnislos. Das einzige, was mich interessiert, ist, daß ich den Schritt endlich vollziehen und aus allem rauskommen kann. Weißt du, was ich am meisten satt habe? Dieses ekelhafte Gequatsche über das, was wir tun müssen, was wir machen wollen, welche Rücksichten wir nehmen müssen. Was deine Mutter meint. Was die Kinder denken. Wie wir zweckmäßigerweise dieses oder jenes Essen arrangieren sollen und ob wir nicht wenigstens meinen Vater einladen sollten. Daß wir nach Falkenberg fahren sollten. Daß wir nach Åre reisen sollten. Daß wir nach St. Moritz fahren sollten. Daß wir Weihnachten, Ostern, Pfingsten, Geburtstage, Namenstage, diesen ganzen verdammten Haufen von Feiertagen feiern sollen. Ich weiß, daß ich ungerecht bin. Ich weiß, daß das, was ich jetzt sage, ganz unmöglich ist. Ich weiß, daß wir ein gutes Leben gehabt haben. Und im Grunde glaube ich, daß ich dich noch immer liebe. Ja, ich weiß irgendwie, daß ich dich jetzt irgendwie *mehr* liebe, jetzt, wo ich Paula kennengelernt habe. Aber kannst du diese

Bitterkeit verstehen? Ich weiß nicht, wie ich es nennen soll. Diese Bitterkeit, ich kann kein besseres Wort finden. Niemand kann es mir erklären, und das aus dem einfachen Grund, weil ich niemanden habe, mit dem ich sprechen könnte, außer Erik Broméus vielleicht, und der ist ja ein seelischer Analphabet. Außer Geld hat der nicht sonderlich viel zu bieten, und in dieser Situation ist das nicht einmal das Schlechteste. Nein, ich verstehe nichts. Ich verstehe das nicht, was ich Bitterkeit nenne und das immer schlimmer und schlimmer geworden ist.

MARIANNE: Warum hast du nie was gesagt?

JOHAN: Wie soll man über etwas sprechen können, für das es keine Wörter gibt? Wie soll man sagen können, daß es keinen Spaß macht, mit seiner Frau zu schlafen, obwohl in technischer Hinsicht alles perfekt abläuft? Wie soll ich sagen können, daß ich Lust kriege, dich zu schlagen, wenn du so manierlich dasitzt und deine Frühstückseier ißt? Und die Mädchen mit ihren dummen, verwöhnten, prätentiösen Manieren. Warum haben wir sie so hysterisch verwöhnt? Kannst du mir das sagen? Ich klage dich nicht an, Marianne. Es ist nur zum Teufel gegangen. Und niemand weiß, warum.

MARIANNE: Ich muß die ganze Zeit alles falsch gemacht haben.

JOHAN: Laß das, ja? Es ist ein bequemer Ausweg, immer die Schuld auf sich zu nehmen. Dann ist man stark und gut und großartig und demütig. Du hast keine Fehler gemacht, und ich habe keine Fehler gemacht. Es lohnt sich nicht, mit Schuldgefühlen und einem schlechten Gewissen anzugeben, obwohl ich weiß Gott ein so schlechtes Gewissen habe, daß ich kaum Luft kriege. Alles ist nur ein Zufall, ein grausamer Zufall. Warum sollten ausgerechnet wir beide uns den Demütigungen und Katastrophen entziehen können. Es ist alles vollkommen logisch. Also, warum sollten wir anfangen, von Fehlern und von Schuld zu reden.

MARIANNE: Du Ärmster.

JOHAN: Ich will dein Mitleid nicht. Komm, grabsch nicht an mir herum. Ich glaube, daß es von meiner Seite nur Ziererei ist. Ich meine, dieses leere Gequatsche. Ich glaube nicht eine Minute, daß ich die Wahrheit über uns berühre. Ich glaube übrigens nicht einmal, daß es überhaupt eine eindeutige Wahrheit gibt. Überall sind nur Wunden und Verletzlichkeiten. Und wie man sich auch bewegt, und was man auch sagt, es tut weh.

MARIANNE: Kannst du die Reise nicht lassen?

JOHAN: Das ist unmöglich.

MARIANNE: Aber wenn ich dich mit aller Kraft bitte?

JOHAN: Es hat keinen Zweck und würde uns nur quälen.

MARIANNE: Kannst du die Reise nicht wenigstens ein paar Monate verschieben? Du gibst mir keine Chance. Ich glaube, daß wir unsere Ehe reparieren können. Ich glaube, wir könnten eine neue Form für unser Zusammenleben finden. Vielleicht würde Paula mich besser verstehen als du. Ich sollte sie kennenlernen und mit ihr sprechen. Es ist falsch, alles abzuschneiden, wenn man gerade damit begonnen hat, sich die Wahrheit zu sagen. Können wir die Katastrophe nicht gemeinsam über uns hinweggehen lassen? Ich meine, wir zerstören so viel, indem wir alles zerbrechen, was wir aufgebaut haben. Du mußt mir eine Chance geben, Johan. Es ist nicht nett, mich nur vor die vollendete Tatsache zu stellen. Du läßt mich in einer lächerlichen und unerträglichen Situation zurück. Das wirst du doch wenigstens begreifen.

JOHAN: Ich weiß genau, was du meinst: Was sollen die Eltern sagen? Was wird meine Schwester sagen, was werden unsere Bekannten und Freunde meinen? Pfui Teufel, wird das ein Gerede geben. Was soll aus den Mädchen werden, und was werden die Mütter ihrer Freundinnen denken? Und was wird aus den Essen, zu denen wir im September und im Oktober eingeladen sind? Und was sollst du bloß Katarina und Peter erzählen? Ich scheiße auf all das. Ich will mich wie ein Schwein benehmen, und das wird mir guttun.

MARIANNE: Es war nicht das, was ich gemeint habe.

JOHAN: Ach so? Was hast du dann gemeint?

MARIANNE *(leise)*: Nichts.

Sie haben sich in das große Ehebett gelegt und das Licht ausgemacht. Keiner von ihnen kann einschlafen; sie liegen lange still und unbeweglich da, tief betrübt. Um sie herum ist es vollkommen still.

MARIANNE: Ich habe vergessen, den Wecker zu stellen. Wann mußt du raus?

JOHAN: Stell ihn bitte auf halb sechs. Ich muß außerdem noch ein paar Sachen einpacken. Um neun muß ich zu einer Konferenz im Institut sein.

MARIANNE: Ich habe schon lange daran gedacht, einen anderen Wecker zu kaufen. Dieser macht einen so schrecklichen Krach, daß man beinahe einen Herzschlag kriegt. Und so recht zuverlässig ist er auch nicht. Jetzt steht er jedenfalls auf halb sechs. Ich werde übrigens meist ohne den Wecker wach. Du brauchst dir keine Sorgen zu machen. *(Plötzlich)* Ich möchte, daß du von Paula erzählst.

JOHAN: Wozu soll das gut sein?

MARIANNE: Ich will es einfach.

JOHAN: Warum willst du dich selbst quälen?

MARIANNE: Das ist keine Selbstquälerei. Ich will wissen, wie sie ist. Es ist viel schlimmer, unwissend herumzulaufen und sich jemanden vorzustellen, der keine Konturen hat. Hast du ein Foto von ihr? Das hast du doch sicher.

JOHAN: Liebe Marianne, können wir uns das nicht schenken?

MARIANNE: Ich bitte dich. Himmel, kannst du mir denn nicht bei dieser Sache helfen?

JOHAN: Also gut, wie du willst. Wo habe ich denn jetzt meine Brieftasche? Ach ja, in der Jackentasche. Hier hast du zwei Bilder. Das eine ist vor zwei Jahren aufgenommen, als sie im Urlaub am Schwarzen Meer war. Das andere ist ein Paßbild, das vor einigen Wochen aufgenommen wurde. Sie ist sich auf beiden ziemlich gleich, finde ich.

MARIANNE: Sie hat eine gute Figur. Sehr schöne Brüste, wie es scheint. Stimmt das?

JOHAN: Ja, sie hat schöne Brüste.

MARIANNE: Färbt sie sich die Haare? Es sieht so aus, meine ich.

JOHAN: Daran habe ich noch gar nicht gedacht, aber möglich ist es schon.

MARIANNE: Sie hat ein hübsches Lächeln. Wie alt ist sie?

JOHAN: Dreiundzwanzig. In ihren Liebesaffären hat sie nicht sehr viel Glück gehabt. Sie ist zweimal verlobt gewesen, und ich glaube, daß ihr Leben gerade in diesem Punkt ziemlich kunterbunt gewesen ist, mit allen möglichen Männern.

MARIANNE: Quält dich das?

JOHAN: O ja. Ihre Aufrichtigkeit kann manchmal ganz schön unbehaglich sein. Ich möchte am liebsten gar nichts wissen, aber sie besteht darauf, mir ihre gesamte erotische Biographie zu erzählen. Das setzt mir ziemlich hart zu, weil ich an retrospektiver Eifersucht leide. Sie ist sehr illusionslos. Sie sagt, sie weiß, daß ich zu dir zurückgehen werde, daß sie gegen dich keine Chance hat. Manchmal kommen mir diese Sätze vor wie Repliken aus irgendeinem schlechten alten Theaterstück, das man allzu oft gesehen hat. Sie hat das Bedürfnis, sich gegen jede Art von Mißerfolg zu wappnen. Das macht sie ziemlich rührend. Überhaupt ist sie trotz ihrer dreiundzwanzig Jahre recht kindlich, trotz ihrer Intelligenz und ihrer allgemeinen Tüchtigkeit. Sie ist ungeheuer eifersüchtig, aber das bin ich auch, also darin nehmen wir uns nichts. Sie hat furchtbare Angst vor dir, und das kann ich verstehen. Aber sie hat auch Angst vor meiner Sekretärin und vor anderen Frauen, von denen sie weiß, daß ich mit ihnen zu tun habe. Sie ist überhaupt unsicher. Ich versuche, ihr zu helfen, so gut ich kann. Das ist ziemlich ungewöhnlich und ziemlich verwirrend.

MARIANNE: Klappt's im Bett gut mit ihr?

JOHAN: Zuerst, zu Anfang, war es völlig verkorkst. Das war wohl auch meine Schuld. Ich bin so was ja nicht sehr gewöhnt. Ich meine, mit anderen Frauen, und wir beide haben uns gegenseitig so verwöhnt. Ich konnte zuerst überhaupt nicht. Aber sie meinte, daß noch nie jemand so lieb und so zärtlich zu ihr gewesen sei. Ich wollte die ganze Geschichte abbrechen, obwohl ich in sie verliebt war. Denn mir war ja klar: Wenn ich nicht mit ihr schlafen konnte, war das gesamte Verhältnis zum Tode verurteilt. Sie wurde aber so verzweifelt, als ich Schluß machen wollte. Ich hatte Angst, sie könnte sich was antun. Dann waren wir eine Woche nicht in der Stadt.

MARIANNE: Seid ihr zusammen verreist ...

JOHAN: Ja, du weißt doch, daß ich in Kopenhagen war, um ein paar Vorlesungen zu halten. Im April.

MARIANNE: Aha, damals war das also. Im April.

JOHAN: Abends betranken wir uns und lebten wie die Schweine. Wir prügelten uns und stritten uns und wurden aus dem Hotel rausgeworfen. Du weißt doch noch, ich erzählte dir damals, ich hätte wegen des Straßenlärms das Hotel gewechselt. Dann kamen wir in irgendeine schmierige Absteige in einer Nebenstraße, und da fanden wir uns plötzlich, und dann schliefen wir Tag und Nacht miteinander. Sie sagte, so schön sei es noch mit keinem anderen Mann gewesen. Ich fühlte mich natürlich gewaltig aufgemuntert. Ich weiß, woran du denkst, Marianne, und es stimmt. Nach dieser Reise nach Kopenhagen klappte es auch bei uns besser. Wir hatten auch mehr Spaß.

MARIANNE: Hast du das Paula erzählt?

JOHAN: Nein, das habe ich nicht gewagt. Ich sagte ihr, daß

du und ich schon lange aufgehört hätten, miteinander zu schlafen. Ich sagte, ich sei impotent. Das war nicht gerade die Wahrheit, aber ich war ja mit ihr impotent, und da sagte ich mir, dann tust du doch lieber gleich so, als wärst du auch mit Marianne impotent. Das Schwierige mit Paula ist aber, daß sie so eine verteufelte Intuition hat. Oder ich bin kein guter Lügner. Sie sieht mich immer an, wenn ich nicht die Wahrheit sage. Sie hat eine erschreckende Fähigkeit, mich zu durchschauen. Und das kann durchaus nützlich sein. Ich kriege meine Lektionen.

MARIANNE: Ja, ich bin ja immer so gutgläubig gewesen.

JOHAN: Nicht *nur* gutgläubig. Wir haben uns beide in ein Dasein geflüchtet, das hermetisch geschützt war. Alles ist zurechtgelegt gewesen, alle undichten Stellen sind zugemacht worden, alles hat funktioniert. Wir sind an Sauerstoffmangel gestorben.

MARIANNE *(lächelnd)*: Und jetzt, meinst du, kommt deine kleine Paula und erweckt dich zu neuem Leben.

JOHAN: Ich habe keine besonders gute Selbsterkenntnis, und ich verstehe recht wenig von der Wirklichkeit, obwohl ich viele Bücher gelesen habe. Aber irgend etwas sagt mir, daß diese Katastrophe eine Lebenschance ist, sowohl für dich wie für mich.

MARIANNE: Ist es Paula, die dir dieses dumme Zeug einredet? Wie naiv, glaubst du, darfst du eigentlich sein?

JOHAN: In diesem Gespräch können wir Sarkasmen und dieses gegenseitige Anöden verdammt wenig gebrauchen.

MARIANNE: Damit hast du recht. Entschuldige, bitte.

JOHAN: Ich versuche, hörst du. Ich versuche, so aufrichtig zu sein, wie ich nur kann. Das ist nicht leicht. Wir haben über solche Dinge nie miteinander gesprochen. Ich finde, wir dürfen naiv und blöd und unsicher sein. Wie soll es wohl sonst sein? Diese Sache mit Paula ist eine Katastrophe. Sowohl für dich wie für mich. Ich habe immer und immer wieder versucht, mich freizumachen, aber es ist unmöglich gewesen. Sie läßt mich nicht los, und ich bin von ihr irgendwie – besessen. Das klingt so verdammt melodramatisch, wenn man sagt, man sei von jemandem »besessen«, aber das ist das einzig angemessene Wort. Zu Anfang habe ich dagegen angekämpft, aber jetzt lasse ich alles zum Teufel gehen. Und ich bin ziemlich zufrieden damit, daß es so läuft.

MARIANNE: Das einzige, worum ich dich bitte, ist, daß ihr die Reise verschiebt.

JOHAN: Paula wäre damit nie einverstanden, und ich denke wie sie. Ich habe mich entschieden.

MARIANNE: Kann ich sie nicht einmal sehen?

JOHAN: Wozu soll das gut sein? Sie will übrigens nichts von dir hören. Ich wage kaum, deinen Namen zu nennen.

MARIANNE: Du bist wirklich schlimm dran.

JOHAN: Das hängt davon ab, wie man die Sache sieht. Paula und ich haben es sehr gut zusammen. Sie ist fröhlich und lieb und zärtlich. Wir haben immer tausend Dinge, über die wir sprechen können. Dazwischen haben wir die wahnsinnigsten Szenen. Ich fange aber an, mich zu fragen, ob das nicht ganz gesund ist. Ich bin mein ganzes Leben lang so verdammt wohlerzogen und klug und ausgeglichen und nachdenklich gewesen. Ich weiß nicht. Ich weiß nichts.

MARIANNE: Komm, leg dich neben mich. Ich will, daß du mit mir schläfst. Das kannst du doch wohl machen. Ich meine, aus alter Freundschaft.

Sie löscht die Nachttischlampe. Im Fenster zeigt sich schon die Morgendämmerung. Sie schlafen miteinander. MARIANNE *bekommt schnell einen heftigen Orgasmus. Dann beginnt sie zu weinen. Sie weint kurze Zeit. Sie hat sich abgewandt und verbirgt das Gesicht in den Händen. Dann beruhigt sie sich, umarmt ihren Mann heftig, aber weich, und küßt ihn mehrere Male. Sie sehen sich mit Zärtlichkeit und Verzweiflung an.*

MARIANNE: Jetzt sollst du in meinen Armen liegen, und dann wollen wir schlafen. Wir sind beide furchtbar müde.

JOHAN: Ich glaube nicht, daß ich schlafen kann. Es wäre besser, wenn ich eine Tasse Kaffee trinken, packen und sofort abreisen würde.

MARIANNE: Nein, leg dich hin und mach die Augen zu. Du wirst schon sehen, du wirst einschlafen. Wir brauchen beide unseren Schlaf. Morgen wird ein anstrengender Tag.

JOHAN: Ich schäme mich so unendlich.

MARIANNE: Damit können wir uns ein bißchen Zeit lassen, finde ich. Jetzt gibt's nur dich und mich. Ein paar Stunden sind für uns da. Nur du und ich.

Dann schlafen sie beide endlich ein, dicht aneinandergeschmiegt.

MARIANNE *ist eingeschlummert und wacht plötzlich mit einem Ruck auf. Das Wissen bricht über sie herein. Sie bleibt zunächst still liegen, um den Angriff besser aushalten zu können, aber er wird nur stärker. Es ist besser, sich zu bewegen. Sie dreht sich vorsichtig um, löst sich aus der Umarmung des Mannes und streckt die Hand aus, um den Wecker abzustellen. Es sind noch einige Minuten bis halb sechs.* JOHAN *schläft tief, aber mit einem gequälten Gesichtsausdruck. Sie stützt den Kopf in die Hand und betrachtet ihn lange, während der Wecker hinter ihrem Ohr seine Sekunden vertickt.*

Dann ist die Zeit um, und sie berührt JOHAN *vorsichtig. Er ist sofort wach. Er streckt den Arm aus und zieht sie in einer Geste hilfloser Verzweiflung an sich. Sie läßt es geschehen, ist aber steif und unwillig. Sie bleiben in dieser Stellung einige Augenblicke liegen; dann läßt er sie los und richtet sich entschlossen auf. Er steht auf, geht ins Badezimmer und fängt an, sich mit dem Elektrorasierer zu rasieren.* MARIANNE *geht zuerst auf die Toilette und macht Pipi, bleibt einige Augenblicke wie gelähmt sitzen, fühlt, daß sie zweitausend Kilo wiegt, geht dann zu dem Mann im Badezimmer hinaus und fängt an, sich zu waschen.* JOHAN *duscht lange und umständlich. So stehen sie da zusammen, stumm, nackt und fremd, und trocknen sich mit ihren feinen bunten Frotteehandtüchern ab.* MARIANNE *kämmt und bürstet ihr langes Haar.* JOHAN *geht ins Schlafzimmer zurück und beginnt, sich anzuziehen.*

MARIANNE: Wollen wir jetzt packen, oder willst du erst frühstücken? Möchtest du Tee oder Kaffee, übrigens?
JOHAN: Das kannst du entscheiden. Tee, bitte.

MARIANNE *holt eine Reisetasche aus einem Schrank herunter.* JOHAN *holt seine Reisekleidung (den Blazer und die Flanellhosen) aus einem anderen hervor und beendet sein Ankleiden.* MARIANNE *fängt an, umständlich zu packen.* JOHAN *geht ins Badezimmer, kämmt sich und putzt die Zähne, kommt mit der Nagelschere zurück.*

JOHAN: Kannst du mir helfen? Ein Nagel hat sich gespalten, und ich werde damit nicht fertig.

MARIANNE *holt ihre Brille und nimmt* JOHAN *mit ans Fenster, fängt vorsichtig an zu schneiden.*

MARIANNE: Du beißt wieder an der Nagelhaut.
JOHAN: Weißt du, wo Speers »Erinnerungen« geblieben sind? Ich habe das Buch auf dem Nachttisch liegen lassen, das weiß ich genau.
MARIANNE: Ich dachte, du hättest es schon zu Ende gelesen, und da habe ich's Mama geliehen.
JOHAN: Aha. Das ist aber reizend. Aua, verdammt noch mal!
MARIANNE: Ich muß hier runterschneiden. Du hast den Nagel gebrochen. Es blutet ein bißchen. Ich muß ein

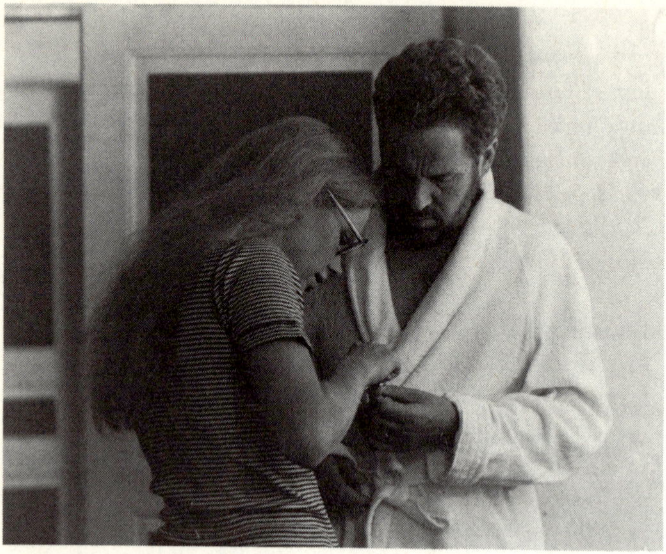

Pflaster drauftun. Was machst du bloß mit deinen Nägeln.

JOHAN: Danke, es ist gut, wie es ist.

MARIANNE: Soll ich deinen Rasierer einpacken, oder nimmst du den mit, den du in der Stadt hast?

JOHAN: Ich muß sowieso noch in die Wohnung und ein paar Sachen holen, du kannst den hier also liegen lassen.

MARIANNE: Willst du den Zettel der Reinigung haben?

JOHAN: Ja, sicherheitshalber. Vielleicht schaffe ich's. Wo liegt sie eigentlich?

MARIANNE: Storgatan, schräg gegenüber von der Kirche.

JOHAN: Aha, dann weiß ich Bescheid. Diese dicken Schuhe da schleppe ich nicht mit. Wirklich nicht.

MARIANNE: Im Winter kannst du sie bestimmt gut gebrauchen. Welche Schlafanzüge willst du mitnehmen?

JOHAN: Hör mal, verschwinde jetzt und mach lieber das Frühstück. Ich pack hier inzwischen zu Ende.

MARIANNE: Ist es dir peinlich, daß ich dir beim Packen helfe?

JOHAN: Ich kann nicht leugnen, daß ich es unanständig finde, obwohl ich nicht weiß, warum.

Sie lachen hilflos. MARIANNE *zieht sich ein paar alte abgetragene Hosen an und eine große Wolljacke, die vorn zugeknöpft wird.* JOHAN *macht mit dem Packen weiter.* MARIANNE *steht da und sieht ihn mit verschränkten Armen an. Nach kurzem Schweigen packt* JOHAN *die Wut.*

JOHAN: Warum stehst du da herum und glotzt?
MARIANNE: Es war nichts. Entschuldige, bitte.

Sie geht sofort aus dem Zimmer und überläßt JOHAN *seinen Mühen. Seine Irritation nimmt zu. Als er versucht, die Tasche zu schließen, und dies mißlingt, nimmt er die Winterschuhe und läßt sie heftig über den Fußboden schlittern.*

MARIANNE *pusselt mit dem Frühstück und deckt den Küchentisch, kocht Eier, braut Tee und röstet Brot. Draußen auf dem Hof geht* JOHAN *am Fenster vorbei und wirft die Tasche in den Kofferraum des Wagens. Ohne daß* MARIANNE *es will, fangen plötzlich die Tränen an zu rinnen, aber sie schnieft und schneuzt sich und nimmt sich zusammen. Beide lassen sich am Küchentisch nieder und bedienen sich gegenseitig und sich selbst mit eingespielter Routine.* MARIANNE *hat das Salz für die Eier vergessen.*

MARIANNE: Was soll ich mit deiner Post machen?
JOHAN: Ich schreibe dir und gebe dir meine Adresse. Dann kannst du vielleicht so nett sein, wichtige Briefe zu retournieren. Wenn Rechnungen und solche Sachen kommen, wäre ich dir schrecklich dankbar, wenn du sie per Postscheck bezahlen könntest.
MARIANNE: Noch etwas. Der Klempner will kommen und das Badezimmer in Ordnung bringen, bevor wir einziehen. Hast du mit ihm gesprochen, oder soll ich ihn anrufen? Du sagtest, du würdest mit ihm Kontakt aufneh-

men. Ich meine, wenn du jetzt vergessen hast, in all diesem Durcheinander daran zu denken, könnte ich vielleicht dafür sorgen, daß er endlich kommt und diese Reparaturen macht.

JOHAN: Ich habe zehnmal bei ihm angerufen, ihn aber nicht zu fassen bekommen. Ich hab's also keineswegs vergessen, wie du glaubst.

MARIANNE: Wo soll dein Wagen bleiben, während du weg bist? Willst du ihn vielleicht in der Garage stehen lassen?

JOHAN: Ich habe Paulas Schwester gebeten, sich um ihn zu kümmern. Es ist überflüssig, daß er nutzlos herumsteht, und sie ist gerade aus der Stadt gezogen.

MARIANNE: Ich verstehe.

JOHAN: Wenn du dagegen so nett sein könntest, beim Zahnarzt abzusagen. Ich weiß, daß ich es vergessen werde.

MARIANNE: Ich finde, eine andere Sache ist bedeutend problematischer. Was sollen wir mit dem Geburtstag deines Vaters am Freitag machen? Wir sind zum Essen eingeladen, wie du weißt. Ich wäre furchtbar dankbar, wenn du ihn anrufen und ihm erklären könntest, wie die Dinge liegen. Willst du so nett sein, das zu tun?

JOHAN: Das ist beinahe das Schlimmste. Ich kann ihm vielleicht schreiben.

MARIANNE: Hauptsache, du vergißt es nicht.

JOHAN: Ich finde, dies mit den Eltern ist am schlimmsten. Ich empfinde es irgendwie als demütigend. Was soll man sagen?

MARIANNE: Eine andere Sache. Was soll ich eigentlich Frau Andersson sagen? Was meinst du?

JOHAN: Was die Putztante denkt, ist mir wirklich vollkommen scheißegal.

MARIANNE: Warum wirst du so wütend? *(Johan murmelt etwas Unhörbares)* Sie hat seit zehn Jahren bei uns saubergemacht und kennt uns gut und ist unentbehrlich und unheimlich loyal.

JOHAN: Äh. *(Pause)* Also schön, es ist besser, du erfährst es gleich. Sie hat Paula und mich eines Morgens erwischt. Ich wußte nicht, daß du und dieses Mensch einen anderen Tag verabredet hattet, und da stand sie dann plötzlich im Schlafzimmer. Das war verdammt peinlich, will ich dir mal sagen. *(Pause)* Das war vor ungefähr einem Monat. Mein Wagen war kaputtgegangen. Wir hatten in einem Lokal in der Nähe gegessen, und da fand ich, es würde nichts machen, wenn wir mal eine Nacht bei uns zu Hause schliefen. Ich ging zu der Tante in die Küche und bat sie, die Schnauze zu halten. Das Weib sabberte förmlich vor Erregung und moralischer Entrüstung und Loyalität dir gegenüber. Dann machte sie uns Frühstück und war so geschäftig, wie man sich's nur wünschen kann. Sie behandelte Paula fast wie ein unschuldiges Opfer meiner tierischen Triebe. Schließlich sah ich mich selbst der Tante dreißig Kronen extra zustecken. Warum sagst du nichts?

MARIANNE: Dann brauche ich mit Frau Andersson ja nicht über die Sache zu sprechen. Wie schön.

Sie steht vom Tisch auf und beginnt, das Geschirr abzuräumen. Das Porzellan klappert. Sie steht plötzlich reglos an der Spüle; sie neigt den Kopf tief, holt Luft.

JOHAN *(lieb)*: Was ist, Marianne?

MARIANNE: Oh, es geht vorbei.

Dann will JOHAN *endlich aufbrechen. Sie stehen einander im Flur gegenüber. Er zieht seinen Mantel an.*

MARIANNE: Was soll ich denn den Kindern erzählen?

JOHAN: Sag, was du willst.

MARIANNE: Soll ich sagen, daß du dich in eine andere Frau verliebt hast und von uns abgehauen bist?

JOHAN: Ich finde das eine ausgezeichnete Formulierung. Sie

hat außerdem den Vorzug, wahr zu sein. Von der Seite erwarte ich kein Verständnis.

MARIANNE: Karin wird es hart zusetzen. Sie ist im Augenblick sehr an dich gebunden. Sie spricht immerzu von dir.

JOHAN: Hör auf, auf mir herumzuhacken. Es tut schon so genug weh. Ich muß jetzt fahren. Ich möchte gern vor dem großen Ansturm in der Stadt sein. Also tschüs dann, Marianne, paß auf dich auf.

MARIANNE: Tschüs.

Sie stehen steif, erschreckt und unsicher da. JOHAN *beugt sich hinunter, um sie auf den Mund zu küssen, aber sie wendet das Gesicht ab. Er lacht auf.*

JOHAN: Ich bin in einer Woche vielleicht wieder zu Hause.

MARIANNE: Wenn es nur so wäre. Wir könnten in jeder Hinsicht von vorn anfangen. Wir würden jede Routine, Gewohnheit und Schlaffheit aufgeben. Wir würden über alles, was gewesen ist, miteinander sprechen. Wir wür-

den herausfinden, was falsch gelaufen ist. Du würdest nie eine Anklage hören. Ich verspreche es dir. Das ist alles vollkommen unwirklich. Ich weiß nicht, was ich damit anfangen soll. Mich läßt du einfach schmoren. Ich glaube, jede beliebige Lösung ist besser als diese. Kannst du mir nicht versprechen, zurückzukommen? Dann würde ich jedenfalls etwas wissen. Ich meine, du kannst mich doch nicht ohne jede Hoffnung zurücklassen. Das geht doch nicht. Auch wenn du gar nicht die Absicht hast, zurückzukommen, so kannst du doch trotzdem *sagen*, daß du wieder nach Hause kommen willst.

JOHAN: Ich muß jetzt gehen, Marianne.

Er schüttelt den Kopf und sieht sie an, ohne zu sehen. Dann macht er den Schritt durch die Tür. Sie bleibt stehen; die Tür wird geschlossen. Durchs Fenster sieht sie ihn in den Wagen einsteigen. Nach einigen Versuchen startet er widerstrebend und rollt durch die Pforte den Abhang hinunter, biegt nach rechts ab und verschwindet hinter den Hügeln. MARIANNE *bleibt noch lange stehen, als würde ihr von nun an jede Bewegung unerträgliche Mühe bereiten. Schließlich geht sie in die Küche und beginnt, den Abwasch vom Frühstück zu erledigen. Sie stellt das Radio an. Plötzlich läßt sie alles stehen und liegen und geht ins Schlafzimmer der Mädchen. Dort herrschen Stille und tiefer Schlaf.* MARIANNE *setzt sich eine Weile hin und betrachtet die schlafenden Gesichter der Mädchen.*

MARIANNE *(zu sich selbst)*: Ich versteh's nicht. Nein, ich versteh's nicht.

Dann bekommt sie eine Eingebung. Sie geht zum Telefon und wählt eine Nummer. Es dauert eine Weile, dann antwortet jemand.

MARIANNE: Hej, Frederik, hier Marianne. Entschuldige

bitte, daß ich euch geweckt habe. Ist Birgit da? Nein, das macht nichts. Laß sie schlafen. Wie geht's euch denn so? Ach so, du magst es gern, um diese Zeit allein aufzusein. Nein, ich will dich nicht lange stören. Nein, hier ist es bedeckt. Dann geht's dir ja gut. Doch, ich wollte mit dir über etwas sprechen. Nein, ich wollte nur jemanden haben, mit dem ich reden kann. Du und Birgit, ihr seid ja unsere Freunde. Ich muß wissen – ich muß – es ist vollkommen unwirklich, Frederik. Du verstehst – *(Pause)* – Also, es sieht so aus. Ich bin die ganze Zeit nur dabei zu weinen, und ich will aber gar nicht weinen, denn dann wird alles noch viel schlimmer. Also, es ist so, daß Johan sich in eine andere Frau verliebt hat. Sie heißt Paula, und heute wollen die beiden nach Paris fahren. Kannst du nicht mit Johan sprechen und ihn bitten, ein wenig zu warten? Er braucht ja nicht so Hals über Kopf wegzurennen. Was sagst du? Du hast schon mit ihm gesprochen? Ja, ich verstehe. Du und Birgit, ihr habt es schon die ganze Zeit gewußt? *Ihr habt es die ganze Zeit ge-*

wußt und mir gar nichts gesagt? Was seid ihr eigentlich für Freunde? Wie könnt ihr euch mir gegenüber so verdammt niederträchtig und illoyal benehmen. Es ist ganz egal, was du sagst. Und wir haben uns immer und immer wieder getroffen und über alles gesprochen, und ihr habt's gewußt und nichts gesagt. *(Rasend)* Pfui Teufel, pfui Teufel, und ihr wollt Freunde sein! Du kannst dich mit deinen Erklärungen zur Hölle scheren. Wie viele haben eigentlich davon gewußt? Ach so, ziemlich viele. Es ist gut, das zu erfahren.

Sie wirft den Hörer auf die Gabel. Als es klingelt, nimmt sie nicht ab. Sie beißt sich in die Hand, um nicht zu schreien.

Vierte Szene

Das Tal der Tränen

Personen

MARIANNE
JOHAN

An einem Abend im September ein Jahr später. Es klingelt an der Tür. MARIANNE, *die sich in der Küche mit den Vorbereitungen für ein Essen zu zweit beschäftigt hat, geht hin und macht auf, nachdem sie einen prüfenden Blick in den Spiegel geworfen hat.*

JOHAN: Hej.

MARIANNE: Hej. Komm rein!

JOHAN: Entschuldige, falls ich zu spät komme. Aber mein Wagen hatte irgendwas. Er wollte nicht starten. *(Küßt Marianne auf die Wange)* Wie süß du bist. Was für ein schönes Kleid.

MARIANNE: Wie schön, daß du's magst. Ich habe es vor ein paar Tagen gekauft, aber dann hab ich's wieder bereut. Ich fand, es steht mir überhaupt nicht. Und außerdem fand ich, daß es viel zu rot ist.

JOHAN: Es steht dir fabelhaft, muß ich sagen.

MARIANNE: Komm rein, lieber Johan. Ich werde nervös, wenn wir hier im Flur stehen und konversieren sollen.

JOHAN: Ich bin auch nervös. Ich habe den ganzen Tag nichts Vernünftiges anfangen können. Es ist wirklich komisch. Aber es ist auch schon so lange her seit dem letzten Mal. Über ein halbes Jahr.

MARIANNE: Wie kommt es denn, daß du so plötzlich . . .

JOHAN: Paula ist eine Woche in London.

MARIANNE: Ach so, verstehe. Willst du etwas zu trinken?

JOHAN: Ja, bitte, einen Whisky könnte ich gut vertragen. Pur und ohne Eis, wenn's geht. Das wird meinem Magen guttun. Ich meine, zum Beruhigen.

MARIANNE: Trinkst du neuerdings Whisky?

JOHAN: Ja, man denke.

MARIANNE: Ich habe Tante Berit gebeten, die Kinder zu übernehmen. Sie bleiben bis übermorgen bei ihr. Zum beiderseitigen Entzücken. Heute abend wollten sie ins Theater gehen, und morgen haben sie frei. Da wollen sie aufs Land fahren.

JOHAN: Das ist praktisch. Ich meine, es wäre ziemlich knifflig gewesen, auch die Kinder zu treffen. Wie geht's ihnen denn?

MARIANNE: Aus Höflichkeit brauchst du nicht nach ihnen zu fragen. Aber wir werden ihre Geburtstage in deinem Kalender notieren, damit du sie nicht wie in diesem Jahr vergißt. Ich habe für jede von ihnen ein Geschenk von dir gekauft, aber sie haben mich durchschaut. Und das war wenig erfreulich. Ich finde, du könntest sie mal zum Essen ausführen. Oder mal mit ihnen ins Kino gehen. Es ist ganz schön schrecklich, daß du bei den beiden nie von dir hören läßt. Sie sprechen jetzt nur noch wenig von dir.

JOHAN: Das ist doch verständlich.

MARIANNE: Daß Paula dir nicht erlaubt, uns zu sehen, ohne zehn Tage lang Theater zu machen ...

JOHAN: Wenn wir uns nur treffen sollen, damit du Gelegenheit hast zu moralisieren, dann kann ich sofort wieder gehen.

MARIANNE: Du hast selbst gesagt, daß Paula so eifersüchtig ist, daß du dich weder mit mir noch mit den Kindern treffen kannst, ohne daß es einen Höllenkrach gibt.

JOHAN: Was soll ich deiner Meinung nach dagegen tun?

MARIANNE: Bist du ein so verdammter Feigling, daß du ihr nicht selbst sagen kannst, was du willst? Hast du so viel Angst davor, sie könnte Krach schlagen, daß du sie reagieren läßt, wie sie gerade Lust hat?

JOHAN *(müde)*: Ja.

MARIANNE: Verzeih mir.

JOHAN: Es macht nichts. Ich verstehe, daß du die Situation für unhaltbar hältst. Aber beschimpf mich nicht. Das führt zu nichts.

MARIANNE: Möchtest du noch etwas Whisky?

JOHAN: Ja, gern.

MARIANNE: Wie geht's dir sonst?

JOHAN: Danke, man lebt. Und wie geht's dir selbst?

MARIANNE: Ich will mich nicht beklagen. Es könnte schlimmer sein.

JOHAN: Es war vielleicht dumm von mir, anzurufen und ein Treffen vorzuschlagen. Es gibt nichts, worüber wir sprechen könnten, ohne uns weh zu tun.

MARIANNE: Dann habe ich einen ausgezeichneten Vorschlag. Wir essen was. Wir haben wahrscheinlich beide einen Riesenhunger, und das ist der Grund für unsere Reizbarkeit. Glaubst du nicht auch?

JOHAN: Ein guter Vorschlag.

Beim Aufstehen umarmt JOHAN *sie und küßt sie auf den Mund. Sie läßt es mit einem kleinen Protest geschehen. Dann sehen sie sich mit einem plötzlichen Lächeln an.*

MARIANNE: Du siehst unmöglich aus mit dieser Frisur. Und dann hast du einige Pfunde zugelegt, glaube ich.

JOHAN: Ich muß bekennen, daß ich unheimlich geil auf dich werde, wenn wir so nahe beieinander sind. Was soll man dagegen tun?

MARIANNE: Laß uns erst essen. Dann werden wir weitersehen.

JOHAN: Hast du neues Porzellan gekauft?

MARIANNE: Das sind Erbstücke. Die liebe alte Tante Elsa ist vor einem halben Jahr gestorben und hat mir testamentarisch eine Masse Hausrat vermacht – aus unerfindlichen Gründen. Sie glaubte immer, ich sei so häuslich. Das meiste ist unbrauchbar, aber das Porzellan ist schön. Du kriegst jetzt nur Eintopf, dann Rotwein und Käse.

Ich habe keine Zeit gehabt, was Flotteres auf die Beine zu stellen. Aber du magst mein Essen ja.

JOHAN: Es duftet phantastisch. *(Bedient sich)* Hast du gehört, daß Martin wieder heiraten will?

MARIANNE: Mein Lieber, ich habe sie in der Stadt getroffen. Sie sahen kolossal verlegen aus und fingen an zu stottern und sich zu entschuldigen, weil sie das ganze Jahr noch nichts hätten von sich hören lassen. Sie taten mir beinahe leid.

JOHAN: Die Neue, die er sich da angelacht hat, ist jedenfalls eine superalberne Gans. Sie soll aber Geld haben.

MARIANNE: Da hab' ich aber was ganz anderes gehört. Das Unternehmen ihres Papas ist vor einiger Zeit in Konkurs gegangen.

JOHAN: Dann hat Martin also wieder auf den falschen Gaul gesetzt.

MARIANNE: Ist er nicht einer deiner engsten Freunde?

JOHAN: Nicht direkt. Wieso?

MARIANNE: Du klingst so zufrieden.

JOHAN: Ein weiser Mann hat mal gesagt, daß sich im Unglück unserer Freunde immer etwas findet, was uns nicht völlig mißfällt. Skål, Marianne! Was für ein guter Wein.

MARIANNE: Mein Lieber, der ist überhaupt nichts Besonderes. Es ist ein ganz gewöhnlicher Tafelwein, der sechs fünfundsiebzig kostet. Aber schmecken tut er.

JOHAN: Ich muß dir sagen, daß es im Augenblick ziemlich aufwärts geht für mich. Von der Cleveland University ist mir eine Gastprofessur für drei Jahre angeboten worden. Das ist ein sehr gutes Angebot, weißt du. Sowohl karrieremäßig wie finanziell. Gerade da drüben passiert ja was auf unserem Gebiet. Hier hält mich nichts. Ich habe diesen akademischen Hinterhof gründlich satt. Außerdem habe ich keine Lust, mir weiter das Fell über die Ohren ziehen zu lassen. Ich ziehe also im Frühjahr um, wenn alles klappt.

MARIANNE: Gratuliere.

JOHAN: Und jetzt stellt sich die unausgesprochene Frage: Wirst du Paula mit nach Amerika nehmen? Und die Antwort ist: Nein. Nenn es von mir aus eine Flucht. Na schön, ich haue ab. Vielleicht gerade rechtzeitig. Ich habe von Paula viel Nutzen gehabt. Sie hat mir das eine oder andere über mich selbst beigebracht, das gut zu wissen ist. Aber jetzt muß es genug sein. Wenn ich wirklich ehrlich sein soll, hängt sie mir ziemlich zum Hals raus. Du findest es vielleicht illoyal von mir, daß ich hier sitze und schlecht über Paula rede. Aber sie hat meine Loyalität schon seit langem verwirkt. Ich bin ihrer total überdrüssig. Ihres Gefühlsklamauks und ihrer Szenen und Tränen und Schreie und Versöhnungen und Liebesbezeugungen. *(Hält inne)* Ich will dir was sagen, Marianne. Das Beste mit Paula war, daß sie mich gelehrt hat, zu schreien und Krawall zu machen. Es war sogar erlaubt, sie zu schlagen. Ich wußte ja nicht, daß ich überhaupt Gefühle habe. Wenn ich dir erzählen würde – du würdest glauben, ich lüge. Manchmal hatte ich das Gefühl, an einer grotesken Theatervorstellung beteiligt zu sein, in der ich sowohl Zuschauer wie Schauspieler war. Es konnte vorkommen, daß wir uns Tag und Nacht in den Haaren lagen. Es endete nicht eher, bis wir aus reiner Erschöpfung zusammenklappten.

MARIANNE: Willst du noch etwas Eintopf?

JOHAN: Danke, laß mich erst aufessen. Es hat fabelhaft geschmeckt. Ich rede nur die ganze Zeit. Aber ich bin so gottverdammt guter Laune. Seitdem ich dieses Angebot mit der Gastprofessur bekommen habe, fühle ich mich wie ein König.

MARIANNE *(still)*: Wenn das so ist, können wir vielleicht ein wenig über die Scheidung sprechen. Ich meine, wenn du jetzt mehrere Jahre wegbleibst, ist es doch besser, wir machen Nägel mit Köpfen, bevor du abreist. Oder was meinst du?

JOHAN: Ich richte mich ganz nach dir.

MARIANNE: Dann möchte ich tatsächlich vorschlagen, daß wir uns scheiden lassen. Wir wissen ja nicht, was alles geschehen kann. Vielleicht möchte ich eines Tages wieder heiraten. Und dann würde es nur ein schreckliches Durcheinander geben, wenn du in Amerika bist.

JOHAN: Ist was im Gange?

MARIANNE: Jetzt bist du ganz schön neugierig geworden, was?

JOHAN: Hör mal, Marianne! Wie wär's, wenn du auch mal ein bißchen von dir erzähltest. Und nicht nur mich drauflosreden läßt wie einen Scherenschleifer.

MARIANNE: Möchtest du noch Wein?

JOHAN: Nein, vielen Dank. Ich bin sowohl satt wie betrunken. Ein bißchen Käse, möglicherweise. Nein, nein, wir brauchen nicht die Teller zu tauschen. Was ist das für ein Käse? Der sieht einladend aus.

MARIANNE: Ein Bel paese. Probier ihn mal.

JOHAN: Wunderbar. Aber glaub ja nicht, daß du davonkommst. Wie geht's dir, Marianne? Deinem Aussehen, deiner Frisur, deinem Kleid, deiner Figur und deiner allgemeinen Freundlichkeit nach zu urteilen, muß es dir gutgehen. Am neugierigsten bin ich natürlich, ob du dir einen Liebhaber zugelegt hast.

MARIANNE: Ich mach' uns jetzt einen Kaffee. Du möchtest doch sicher einen?

MARIANNE *geht um den Tisch herum und umfaßt seinen Kopf mit beiden Händen, neigt sich zu ihm hinunter und küßt ihn auf den Mund. Gemeinsam decken sie dann den Tisch ab. Während der Kaffee bereitet wird, geht* JOHAN *ein wenig ruhelos auf und ab, bleibt in einer Tür stehen und guckt.*

JOHAN: Du hast umgeräumt, wie ich sehe.

MARIANNE: Hast du etwas dagegen?

JOHAN: Nein, verflixt noch mal.

MARIANNE: Ich bin nur in dein Arbeitszimmer gezogen.

JOHAN: Und wo hast du meine Sachen gelassen?

MARIANNE *(fröhlich):* Die stehen in einem Magazin, und ich bezahle die Miete. Ich fand nämlich, ich hätte endlich das Recht auf ein eigenes Arbeitszimmer. Ich habe also ein paar Möbel gekauft und neue Gardinen hingehängt und meine eigenen Bilder an die Wand genagelt, die früher hier keinen Platz hatten und die du nicht mochtest. War das vielleicht taktlos? Findest du, ich hätte warten sollen, bis die Scheidung perfekt ist? Hätte ich ein Trauerjahr einhalten sollen? Und dann habe ich noch das Telefon ummelden lassen. Es läuft jetzt auf meinen Namen.

JOHAN: Dann ist ja alles in Ordnung.

MARIANNE: Du scheinst jedenfalls wegen irgendwas sauer zu sein.

JOHAN: Nein, ich bitte dich. Ich finde, du hast richtig gehandelt.

MARIANNE: Danke. Ich habe immer am Sekretär im Schlafzimmer gesessen und gearbeitet, wenn ich zu

Hause was zu tun hatte. Das war etwas unbequem. Aber das Wichtigste war ja, daß du ein ordentliches Arbeitszimmer hattest, in dem du vor den Kindern sicher warst. Ja, dann habe ich das Doppelbett weggeräumt.

JOHAN: Wozu sollte das gut sein?

MARIANNE: Ich war drauf und dran, davon verrückt zu werden, daß ich in einer Ecke eines Riesenbettes allein wohnte. Hier ist es also ein bißchen keuscher geworden, wie du siehst.

JOHAN: Und dein Liebhaber? Wo beherbergst du ihn?

MARIANNE: Noch finde ich, daß es besser ist, wenn wir uns bei ihm zu Hause treffen.

JOHAN: Du meinst, wegen der Mädchen?

MARIANNE *(lächelt)*: Wie dumm du bist. Die Gören liegen mir in den Ohren, ich soll wieder heiraten.

JOHAN: Sieh mal einer an.

MARIANNE: Möchtest du etwas zum Kaffee haben?

JOHAN: Nein, danke. Dies ist jedenfalls eine menschenwürdige Behausung.

MARIANNE *(lächelt)*: Du wohnst außerhalb der Stadt.

JOHAN: Wir wohnen in einem Betonsilo in drei Zimmern. Zehnter Stock. Mit Aussicht auf einen anderen Betonsilo. Im Hauseingang torkeln betrunkene Dreizehnjährige herum. Sie amüsieren sich damit, Rentner niederzuschlagen. Überall blättert der Putz ab. Durch die Fenster bläst es, daß die Gardinen flattern. Neulich mußte ich zwei Wochen lang an einer Wasserstelle Wasser holen. Keine Toilette im Haus funktionierte. Zur U-Bahn geht man nach acht Uhr abends ungern runter. Mittendrin gibt es etwas, was ein wahnsinniger Architekt »Piazza« getauft hat. Es ist nicht so, daß ich mich beklage. Ich finde das alles eher interessant. Weil es meinen Vorstellungen von der Hölle am nächsten kommt.

MARIANNE: Ich wußte nicht, daß du an die Hölle glaubst.

JOHAN: Die Hölle ist ein Ort, an dem niemand mehr an irgendwelche Lösungen glaubt. Aber Paula fühlt sich da draußen wohl. Sie sagt, daß dort alles mit ihrem Bild von der Welt übereinstimmt. Und daß sie sich dabei geborgen fühlt. Für mich ist es irgendwie gleichgültig, wo ich wohne, weil ich jedes Zuhause als zufällig und vorübergehend begreife. Man muß seine Geborgenheit in sich haben.

MARIANNE: Hast du das denn?

JOHAN: Nicht, solange ich noch hier lebte. Damals war alles, was uns umgab, so entscheidend wichtig. Wir wurden gezwungen, die Geborgenheit zu ritualisieren.

MARIANNE: Ich verstehe nicht, was du meinst.

JOHAN: Alle Geborgenheit war in solchen Dingen verankert, die außerhalb von uns selbst waren. In unserem Besitz, unserem Sommerhaus, der Wohnung, den Freunden, den Einkünften, dem Essen, den Feiertagen, den Eltern.

MARIANNE *(lächelt)*: Warum hörten wir auf, einander Zärtlichkeit zu zeigen, Johan? Warum haben wir uns fast nie geküßt? Oder uns nur gestreichelt, wenn wir miteinander schliefen? Warum waren wir so selten zärtlich mit den Kindern?

JOHAN: Weißt du, wie meine Geborgenheit aussieht? Ich will's dir sagen. Ich denke so: Die Einsamkeit ist absolut. Es ist eine Illusion, sich etwas anderes einzubilden. Sei dir dessen bewußt. Und versuche, danach zu handeln. Erwarte nichts anderes als Teufelei. Wenn etwas Angenehmes geschieht, um so besser. Glaube nie, daß du die Einsamkeit aufheben kannst. Sie ist absolut. Du kannst auf verschiedenen Ebenen eine Gemeinsamkeit dichten, aber es werden dennoch nur Gedichte über Religion, Politik, Liebe, Kunst und so weiter. Die Einsamkeit ist gleichwohl total. Das Heimtückische ist, daß dich gelegentlich eine Vorstellung von Gemeinsamkeit treffen kann. Sei dir bewußt, daß dies eine Illusion ist. Dann bist du hinterher nicht so enttäuscht, wenn alles in die gewohnte Ordnung zurückkehrt. Man muß mit der Einsicht von der absoluten Einsamkeit leben. Dann hört man auf, sich zu beklagen, dann hört man auf zu jammern. Dann ist man tatsächlich ziemlich geborgen und lernt, die Sinnlosigkeit mit einer gewissen Befriedigung zu akzeptieren. Damit meine ich nicht, daß man sich zur Ruhe setzen soll. Ich glaube, daß man mit allem, was man hat, streben soll, solange man kann. Aus keinem anderen Grund, als daß man sich wohler fühlt, wenn man sein Bestes gibt, statt aufzugeben.

MARIANNE: Ich wünsche, ich wäre genauso sicher wie du.

JOHAN: Das sind alles nur Worte. Man artikuliert sich, um die große Leere zu beschwören. Es ist übrigens eigenartig. Hast du schon mal daran gedacht, daß die Leere weh tut? Man könnte sich vorstellen, daß sie Schwindelgefühle verursacht oder seelische Übelkeit hervorruft. Aber meine Leere tut physisch weh. Sie brennt wie eine Brandwunde. Oder so wie früher, als ich klein war und geweint hatte und als der ganze Körper von innen schmerzte. Ich staune manchmal über Paulas unerhörte politische Zuversicht. Sie ist sowohl wahrhaftig wie auch mit Leib und Seele dabei und in ihrer Gruppe unablässig tätig. Ihre Überzeugung gibt ihr die Antworten auf ihre Fragen und füllt die Leere aus. Ich würde gern wie sie leben können. Ich meine das wirklich, ohne jede Ironie. *(Beugt sich vor)* Warum lächelst du so ironisch? Findest du, ich rede dummes Zeug? Um die Wahrheit zu sagen: Ich finde das auch. Aber das ist gleichgültig.

MARIANNE: Ich verstehe nicht, wovon du redest. Es erscheint mir so theoretisch. Ich weiß nicht, warum. Vielleicht, weil ich nie von so großen Dingen spreche. Ich glaube, ich bewege mich auf einer anderen Ebene.

JOHAN *(fies)*: Auf einer *feineren* Ebene wohl. Einer besonderen Ebene, reserviert für Frauen mit privilegiertem Gefühlsleben und einer glücklicheren, erdgebundeneren Anpassung an die Mysterien des Lebens. Paula verwandelt sich auch oft in eine Priesterin des Lebens. Dann hat sie immer gerade ein neues Buch von irgendeiner großartigen Verkünderin des neuen Frauenevangeliums gelesen.

MARIANNE: Ich weiß noch, daß du immer sehr viel geredet hast. Ich erinnere mich, daß ich das gern mochte, obwohl mir fast immer egal war, was du sagtest, wenn du so richtig ins Theoretisieren gekommen warst. Irgendwo klingt es, als wärst du enttäuscht.

JOHAN *(still)*: Das bildest du dir ein.

MARIANNE *(still)*: Du sollst wissen, daß ich fast immer an dich denke und mich frage, ob es dir gutgeht oder ob du einsam bist und Angst hast. Jeden Tag, mehrmals am Tag frage ich mich, was ich falsch gemacht habe. So daß es so wurde, wie es zwischen uns geworden ist. Ich weiß, es ist kindlich, so zu denken, aber jetzt *denke* ich jedenfalls so. Manchmal glaube ich, ich hätte die Lösung zu fassen. Aber dann gleitet sie mir wieder aus den Händen.

JOHAN *(sarkastisch):* Warum gehst du nicht zu einem Psychiater?

MARIANNE: Ich gehe zu einem Arzt, der auch psychiatrisch ausgebildet ist, und wir führen jede Woche ein paar Gespräche. Manchmal treffen wir uns auch außerhalb der Praxis.

JOHAN: Ist *er* dein Liebhaber?

MARIANNE: Wir haben ein paarmal miteinander geschlafen, aber das ging völlig daneben. Wir hörten also mit diesen Versuchen auf und widmeten uns statt dessen meinem interessanten Seelenleben.

JOHAN: Nun, und was habt ihr herausgefunden?

MARIANNE: Nichts. Ich versuche vor allem, sprechen zu lernen. Ja, und dann habe ich deine Möbel rausgeworfen und bin in dein Arbeitszimmer gezogen. Wenn du wüßtest, was für ein schlechtes Gewissen ich hatte. Während ich mich gleichzeitig sehr kühn fühlte.

JOHAN: Immerhin ein Ergebnis. *(Gähnt)*

MARIANNE: Bist du müde? Du gähnst ja ganz schön.

JOHAN: Es ist nur der Wein. Entschuldige. Außerdem schlafe ich nachts nicht besonders. Und dann ist es wohl noch die Spannung.

MARIANNE: Wenn du nach Hause gehen willst, von mir aus gern.

JOHAN: Wie dumm du bist. Können wir uns nicht wie normale Menschen benehmen?

MARIANNE: Wenn du dich ein Stündchen hinlegen und schlafen willst, tu's ruhig. Ich wecke dich in einer Stunde.

JOHAN *(lächelt)*: Mein Gott, ist das ein Aufstand, nur weil ich einmal ein bißchen gegähnt habe. Ich will mich überhaupt nicht hinlegen. Sei so lieb und erzähl mir lieber von deinen Entdeckungsreisen in dein Inneres. Das ist sehr viel interessanter. Ich versichere es dir.

MARIANNE: Es gibt wirklich nicht viel zu erzählen. Aber etwas Seltsames habe ich herausbekommen. Aber darüber habe ich mit dem Doktor nicht gesprochen, denn ich bin erst gestern abend dahintergekommen.

JOHAN *(nicht sonderlich interessiert)*: Aha, das klingt aber spannend.

MARIANNE: Der Doktor sagte, ich soll alle Dinge aufschreiben, die mir in den Sinn kommen. Alles mögliche, ohne Zusammenhang oder innere Ordnung. Was mir auch einfällt. Träume, Erinnerungen, Überlegungen. Bisher ist noch nicht viel dabei herausgekommen. Es ist so schwer zu schreiben, wenn man es nicht gewöhnt ist. Es wird so steifbeinig, und dann findet man dauernd nur die falschen Wörter, und dann findet man es dämlich.

JOHAN *(höflich)*: Kannst du nicht mal vorlesen, was du gestern abend aufgeschrieben hast? Ich möchte es so schrecklich gern hören.

MARIANNE: *Willst* du es *wirklich*? Bestimmt? Warte einen Moment, ich hole das Notizbuch. Ich habe mehrere Stunden geschrieben und bin erst so gegen drei eingeschlafen. Heute morgen sah ich aus wie ein Gespenst und dachte, das ist typisch, ausgerechnet heute, wo ich dich nach so langer Zeit wiedersehen werde.

Sie ist unterdessen in ihrem Arbeitszimmer gewesen und hat das Notizbuch geholt, ein dickes Schreibheft mit schwarzem Wachstucheinband. Sie kommt zurück, munter erregt und lächelnd. Setzt sich hin und knipst eine Leselampe an.

JOHAN: Du bist wirklich phantastisch süß.

MARIANNE: Nein, keine Komplimente jetzt, bitte. Jetzt sollst du dich für mein Seelenleben interessieren. Bitteschön, setz dich jetzt hin.

Aber JOHAN *ist zu ihr gegangen und umfaßt sie. Er küßt sie lange und innig auf den Mund. Sie sitzt still mit erhobenem Gesicht und geschlossenen Augen und läßt sich küssen. Als er eine Hand auf ihre Brust legt, weicht sie aus und nimmt die Hand fort.*

MARIANNE: Nein, so nicht. Setz dich brav hin, dann werde ich dir statt dessen vorlesen.

JOHAN *(lächelnd)*: Muß ein Gutes das andere ausschließen?

MARIANNE: Ich habe immerzu daran gedacht. Was würde es schon ausmachen, wenn wir heute abend miteinander schlafen? Ich habe mich danach gesehnt und mich erregt. Aber dann fiel mir ein, wie es hinterher werden würde. Ich meine, wenn du wieder deiner Wege gezogen bist. Dann stehe ich da und sehne mich wieder nach dir. Und ich will nicht, daß es so wird. Ich habe dich doch lieb, Johan. Verstehst du das nicht? Manchmal hasse ich dich für das, was du mir angetan hast. Und manchmal vergehen mehrere Stunden, ohne daß ich an dich denke. Das ist unheimlich schön. O nein. Mir geht's auf jede erdenkliche Weise gut. Ich habe Freunde und sogar Liebhaber. Ich habe meine Kinder und ich habe eine Arbeit, die mich ausfüllt und die ich mag. Es ist durchaus nicht so, daß man mich bedauern muß. Aber ich bin an dich gebunden. Ich weiß nicht, woran es liegt. Vielleicht bin ich eine perverse Selbstquälerin, oder vielleicht bin ich nur der treue Typ, der sich nur einmal im Leben an jemanden bindet. Ich weiß nicht. Es ist so schwer, Johan. Ich will mit keinem anderen zusammen leben. Andere Männer öden mich an. Jetzt sage ich das aber nicht, damit du ein schlechtes Gewissen kriegst oder um dich gefühlsmäßig zu erpressen. Ich erzähle dir nur, wie es ist. Deshalb wird es so unerträglich, wenn du anfängst, mich zu küssen, und wenn wir miteinander schlafen. Denn dann öffne ich mich ganz. Ich kann es nicht anders erklären. Und dann wird es wieder so einsam, wenn du weggehst. Jetzt, wo ich dich ein bißchen auf Abstand halte, geht es gut. Das ist sogar sehr angenehm. Wir dürfen aber nicht miteinander herumschmusen. Dann wird es völlig unmöglich, und dann gehst du wieder weg.

JOHAN: Ich bin immer noch in dich verliebt. Das weißt du.

MARIANNE: Warum sagst du so etwas, wenn es nicht wahr ist?

JOHAN: Warum sollten meine Gefühle für dich sich geändert haben? Glaubst du denn, ich hätte mich in dieser Zeit nicht fast jeden Tag nach dir gesehnt? Wir hatten es doch so schön miteinander. Wir sind immer Freunde gewesen; wir haben viel Spaß miteinander gehabt, und es ist uns immer gutgegangen. Wenn wir nun gern miteinander schlafen wollen, was spricht dagegen? Warum sollten wir's nicht tun? Es beweist doch nur, daß wir uns immer noch nacheinander sehnen. Marianne! Warum sollen wir so viele Vorbehalte haben? Warum soll man daran denken, wie man sich morgen fühlt? Wäre das nicht ungeheuer dumm?

MARIANNE *läßt es zu, daß er sie mehrere Male küßt. Er liebkost sie immer heftiger. Das Tagebuch fällt zu Boden.* JOHAN *zieht* MARIANNE *zu sich herunter und beginnt, ihr die Bluse aufzuknöpfen. Da macht sie sich frei und richtet sich auf, streicht das Haar glatt und knöpft die Bluse zu. Schüttelt den Kopf.*

MARIANNE: Nein, ich will nicht. Nein. Nein, ich will auf gar keinen Fall. Ich will nicht hier rumlaufen und schmachten und weinen und mich nach dir sehnen. Sei so lieb und versteh das. Es ist wirklich so, wie ich sage. Nichts ist dümmer als das hier. Wenn du darauf bestehst, kannst du genausogut gleich gehen. Das steht fest. Johan. Ich will nicht mit dir schlafen. Ich will es wirklich nicht. Versuch doch zu verstehen, Lieber!

JOHAN: Ich werde versuchen zu verstehen, obwohl ich es nicht verstehe. Also schön, ich setz' mich hier hin, und dann darfst du mir einen Cognac und etwas mehr Kaffee geben. Und dann wird statt dessen vorgelesen, und dann gehe ich zu einer anständigen Zeit nach Hause und rufe Paula in London an und erzähle, daß ich im Theater gewesen bin.

MARIANNE *tätschelt ihm traurig die Wange. Beide sind verlegen und aufgewühlt. Sie holt Cognac, und er gießt sich mehr Kaffee aus der Thermoskanne ein. Holt seine Pfeife hervor und stopft sie.* MARIANNE *setzt ihre Brille auf. Sie prosten sich scherzend zu.* MARIANNE *ist den Tränen nahe, aber es gelingt ihr, sich zu beherrschen.* JOHAN *zündet seine Pfeife mit mehreren Streichhölzern an.* MARIANNE *blättert in ihrem Notizbuch.*

MARIANNE: Jetzt ist alles so furchtbar blöde geworden. Ich will nur weggehen und mich verstecken. Ich möchte einfach nur weinen.

JOHAN: Wenn du möchtest, gehe ich jetzt. Dann können wir uns morgen sehen und ausgehen und essen oder etwas Ähnliches unternehmen.

MARIANNE: Das wäre vielleicht besser. Ach nein, lieber nicht, du sollst hierbleiben. Außerdem habe ich morgen keine Zeit.

JOHAN *(lieb)*: Hallo. Ich mag dich schrecklich gern.

MARIANNE *(lieb)*: Hallo. Ich benehme mich wie ein Kind.

JOHAN *(lieb):* Ja, aber jetzt ist es wieder gut. Die Situation ist unter Kontrolle. Wir haben die Krise gemeistert.

MARIANNE: Ich habe so schludrig geschrieben, daß ich kaum meine eigene Handschrift entziffern kann. Ja, das hier zu Anfang ist nicht besonders wichtig. *(Liest)* »Gestern ergriff mich eine beinahe übermütige Munterkeit, und zum erstenmal in diesem ganzen Jahr fühlte ich die alte Lust zu leben, die ganze Neugier auf das, was der Tag wohl bringen wird.« *(Überspringt etwas)* Und so weiter und so weiter. *(Liest weiter)* »Plötzlich drehte ich mich um und betrachtete das alte Bild von meiner Schulklasse, als ich zehn Jahre war. Ich meinte, auf etwas gestoßen zu sein, was lange vorbereitet geschlummert hat, aber dennoch ungreifbar ist. Mit Erstaunen muß ich feststellen, *daß ich nicht weiß, wer ich bin.* Ich weiß nicht das geringste. Ich habe immer das getan, was andere Menschen von mir verlangt und erwartet haben. So weit ich mich zurückerinnern kann, bin ich gehorsam, gut angepaßt, beinahe unterwürfig gewesen. Wenn ich nachdenke, hatte ich als kleines Mädchen ein paar heftige Ausbrüche von Selbstbehauptung. Ich erinnere mich aber auch, daß Mama alle solchen Abweichungen von der Konvention mit exemplarischer Strenge bestrafte. Meine gesamte Erziehung und die meiner Schwestern lief darauf hinaus, daß wir *liebenswürdig* sein sollten. Ich war ziemlich häßlich und trampelig und wurde an diese Tatsache dauernd erinnert. Allmählich entdeckte ich, daß, wenn ich verheimlichte, was ich wirklich dachte, und statt dessen nachgiebig und vorausschauend wurde, daß dieses Verhalten sich auszahlte. Die wirklich große Verfälschung meiner selbst kam jedoch erst in der Pubertät. Alle meine Gefühle und Handlungen kreisten um die Erotik. Ich verriet dies meinen Eltern aber mit keinem Wort, auch nicht irgendeinem anderen Menschen. Dann entwickelten sich die Lügen, das Verheimlichen, die Abgekehrtheit sozusagen von selbst. Es ging einfach so weiter. Mein Vater wollte, daß ich Jurist wurde wie er selbst. Ich deutete irgendwann einmal an, daß ich am liebsten Schauspielerin werden würde. Oder daß ich mich in der einen oder anderen Form dem Theater widmen wollte. Ich weiß noch genau, daß ich ausgelacht wurde. Dann ist es immer so weitergegangen. In meinem Verhältnis zu anderen Menschen. In meinem Verhältnis zu Männern. Die gleiche konstante Verstellung. Die gleichen verzweifelten Versuche, es allen recht zu machen, ihnen zu Willen zu sein. Ich habe nie gedacht: Was will *ich* denn eigentlich? Sondern immer: Was will *er*, was erwartet *er* von mir, was soll ich wollen? Das hat aber mit Selbstlosigkeit, wie ich früher glaubte, nichts zu tun, sondern ist die reine Feigheit, und, was noch schlimmer ist: Das Ergebnis ist eine vollständige Unkenntnis darüber, wer ich wirklich bin. Ich habe nie ein dramatisches

Leben gelebt, mir fehlt für so was jede Begabung. Aber zum erstenmal empfinde ich eine heftige Spannung bei dem Gedanken, daß ich herausfinden will, was ich eigentlich mit mir selbst bezwecken, was ich aus mir selbst machen möchte. Die geborgene und abgeschirmte Welt, in der sowohl Johan wie ich so unbewußt und selbstverständlich gelebt haben, impliziert eine Grausamkeit und Brutalität, die mich um so mehr erschreckt, je mehr ich an sie zurückdenke. Will man sich eine äußere Sicherheit erkaufen, erfordert das einen hohen Preis: daß man nämlich eine fortschreitende Persönlichkeitszerstörung akzeptiert. *(Ich glaube, daß dies besonders für Frauen gilt, Männer haben da einen etwas größeren Spielraum.)* Es ist einfach, die zarten Selbstbehauptungsversuche eines Kleinkindes schon von Anfang an zu deformieren. Dies ist in meinem Fall mit den Injektionen eines Gifts geschehen, das hundertprozentig wirkt: mit dem *schlechten Gewissen.* Erst meiner Mutter gegenüber, dann der Umwelt gegenüber und, last not least, Jesus und Gott gegenüber. Plötzlich kann ich ahnen, was für eine Art Mensch ich gewesen wäre, wenn ich nicht zugelassen hätte, daß man mit mir Gehirnwäsche betreibt. Und jetzt frage ich mich, ob ich rettungslos verloren bin. Ob all die Möglichkeiten zur Freude für mich und andere, die ursprünglich in mir niedergelegt waren, tot sind, oder ob sie nur schlafen und wieder zum Leben erweckt werden können. Ich möchte gern wissen, was für eine Ehefrau und Frau ich geworden wäre, wenn ich meine Möglichkeiten so hätte verwenden und einsetzen können, wie sie einmal angelegt gewesen sind. Hätten Johan und ich in diesem Fall überhaupt geheiratet? Ja, das hätten wir sicher, denn wenn ich ganz ehrlich nachdenke, waren wir auf eine innige und warme Weise wirklich ineinander verliebt. Unser Fehler war, daß wir nicht aus der Familiengemeinschaft ausbrachen und weit weg, irgendwohin flohen und uns selbst etwas Haltbares schufen.«

MARIANNE *hört auf zu lesen und blickt vom Notizbuch auf.* JOHAN *sitzt tief atmend da und läßt den Kopf auf die Brust hängen. Er schläft.* MARIANNE *lächelt ein wenig traurig und legt das Notizbuch vorsichtig hin. Dann trinkt sie ihren Cognac aus und geht vorsichtig, ohne* JOHAN *zu wekken, in die Küche, wo sie Geschirr in die Spülmaschine stellt. Das Telefon klingelt. Sie eilt ins Arbeitszimmer und antwortet flüsternd.*

MARIANNE: Hallo? Ach so, du bist's. Du solltest doch heute abend nicht anrufen. Bist du eifersüchtig? Dazu hast du keinen Grund, das verspreche ich dir. Ich klinge komisch? Nein, ich möchte Johan nicht wecken. Wie bitte? Nein, er sitzt. Er sitzt drinnen im Wohnzimmer und schläft wie ein artiges Kind. Doch, doch, wirklich, ich schwöre. Meine Unterhaltung hat ihn so unsäglich erschöpft. Nein, ich finde nicht, daß du herkommen sollst. Sei jetzt nicht dumm, David. Wir sehen uns morgen abend. Können wir nicht irgendwo essen gehen und dann ins Kino gehen? Es ist so lange her. Also gut. Rufst du mich morgen früh an, wie gewöhnlich? Wenn ich mich ein bißchen komisch anhöre, ist das doch wohl kein Wunder. Du kannst doch nicht verlangen, daß ich jetzt wie eine Turteltaube ins Telefon gurre. Ich weiß nicht, ob Johan aufgewacht ist. Nein, sei nicht blöd, jetzt, David. *(Lacht)* So ist es. Jetzt gehe ich rein und wecke meinen Kavalier und danke ihm für den netten Abend, und dann werde ich ihn postwendend nach Hause schicken. Du kannst in einer Stunde wieder anrufen. Ja, machen wir's so? Das ist gut. Also, tschüs dann. Was hast du gesagt? Nein, er hat nicht einmal versucht, mich zu küssen, du kannst vollkommen beruhigt sein. Es ist alles völlig leidenschaftslos verlaufen. Also, hej.

MARIANNE *weckt* JOHAN *vorsichtig. Er wird tief verlegen, streicht sich immer wieder übers Gesicht.*

JOHAN: Ist das zu fassen, daß ich einschlafen mußte. Ich fand es wirklich interessant, was du da vorgelesen hast. Du mußt mir vergeben, liebe Marianne. Kannst du nicht ein bißchen mehr vorlesen? Mir ist klar, daß du sehr verletzt sein mußt, aber kannst du nicht trotzdem noch ein bißchen vorlesen?

MARIANNE: Ich finde, du solltest jetzt nach Hause gehen und schlafen. *(Lächelt)* Ich bin nicht im geringsten verletzt. Ich schwöre.

JOHAN: Also gut, dann ist es vielleicht am besten, wenn ich gehe.

Beide stehen etwas hilflos und traurig da. JOHAN *beschäftigt sich mit seiner Pfeife.* MARIANNE *hat eine Kaffeetasse in die Hand genommen.*

MARIANNE: Vielleicht läßt du mal was von dir hören. Und sei's auch nur wegen der Kinder.

JOHAN: Natürlich. Na klar. Ist doch selbstverständlich.

MARIANNE: Du bist immer willkommen, das weißt du.

JOHAN: Wenn nur Paula nicht so verdammt eifersüchtig wäre. Aber schön, sie hat Grund dazu, das muß ich zugeben. Sie kann einem auch leid tun.

MARIANNE: Wann, glaubst du, wirst du Endgültiges über die Reise erfahren?

JOHAN: In vier Wochen wird die Sache entschieden sein.

MARIANNE: Vielleicht höre ich was von dir, wie es wird.

JOHAN: Ich kann dich anrufen. Oder schreiben.

MARIANNE: Und wie soll's mit der Scheidung werden? Was meinst du? Wir müssen uns auf jeden Fall entscheiden.

JOHAN *(müde)*: Willst du wieder heiraten?

MARIANNE *(müde)*: Das kann ich jetzt noch nicht wissen.

JOHAN: Mir wäre es am liebsten, wir würden noch ein Weilchen warten, bevor wir etwas entscheiden. Findest du nicht auch?

MARIANNE: Ich weiß gar nicht, was ich denken soll. Manchmal werde ich so verzweifelt. Und dann will ich, daß wir uns auf der Stelle scheiden lassen. Manchmal denke ich, ein wenig zuversichtlich, daß es vielleicht trotz allem eine Möglichkeit gibt, weiterzumachen.

Schließlich gehen beide in den Flur hinaus. MARIANNE *ist jetzt sehr traurig.* JOHAN *umarmt sie. Auch er befindet sich in einem Zustand tiefer Verwirrung. Plötzlich fangen beide an, sich zu küssen.* MARIANNE *klammert sich an* JOHAN. *Sie taumelt gegen die Wand. Lächeln.*

MARIANNE: Du schläfst heute nacht bei mir. Das tust du doch?

JOHAN: Ich schlafe heute nacht bei dir. Keine Einwände.

Sie gehen beide ins Bett; lange Zeit liegen sie beide da und liebkosen einander mit großer Zärtlichkeit, vollkommen stumm. Plötzlich klingelt im Arbeitszimmer das Telefon.

MARIANNE: Laß es klingeln. Es ist nichts.

JOHAN *(etwas angestrengt)*: Vielleicht ist es dein Liebhaber. Was mag er wohl um diese Zeit noch wollen? Was meinst du? Weiß er, daß ich hier bin?

MARIANNE: Natürlich weiß er das.

JOHAN: Menschenskind, ist der hartnäckig.

MARIANNE: Ich glaube, es ist besser, wenn ich rangehe.

Das Telefon klingelt weiter. MARIANNE *steht hastig auf und zieht sich einen Morgenrock über.* JOHAN *sieht sie ins Arbeitszimmer gehen – sie läßt die Tür offen –, hört ihr Gespräch mit.*

MARIANNE: Hej. Ich kann jetzt nicht sprechen. Doch, Johan ist noch da. Wir haben uns schlafen gelegt, wenn du es nun unbedingt wissen willst. Das verstehe ich. Was soll ich deiner Meinung nach denn sonst sagen? Es tut mir leid, es ist die reine Wahrheit. Das weiß ich nicht. Es wäre schrecklich nett, wenn du nicht mehr anrufen würdest. Ja, ich meine überhaupt. Versuch doch jetzt *ein einziges Mal*, wie ein erwachsener Mensch zu reagieren. Das ist alles traurig, da sind wir einer Meinung, aber jetzt will ich wirklich nicht mehr darüber sprechen. Hej, David, und paß auf dich auf.

MARIANNE *wirft den Hörer auf die Gabel und bleibt eine Weile nachdenklich stehen. Sie steht dort in ihrem langen roten Morgenmantel mit aufgelösten Haaren, hält den rechten Zeigefinger gegen die Wange. Sie wird von der Tischlampe beleuchtet. Dann läßt sie ein kleines trockenes Lachen hören, löscht das Licht und geht zu* JOHAN *zurück. Sie läßt sich auf der Bettkante nieder. Lächelnd.*

JOHAN: Ich konnte das Mithören tatsächlich nicht vermeiden.

MARIANNE: Es war auch die Absicht, daß du mithörst.

JOHAN: Das war der Liebhaber, wenn ich es recht sehe.

MARIANNE: Das war der jetzt ehemalige Liebhaber.

JOHAN: Du hättest nicht zu sagen brauchen, daß ich hier bin.

MARIANNE: Du willst doch nicht sagen, daß ich ihn hätte einladen sollen? Es war ihm sehr daran gelegen, herzukommen.

JOHAN: Bist du in ihn verliebt?

MARIANNE *(sieht ihn lange an)*: Manchmal stellst du so unglaublich dämliche Fragen, daß man Lust kriegt, dich auf der Stelle totzuschlagen.

JOHAN: Entschuldige, ich wollte dir nicht zu nahe treten.

MARIANNE: Wenn du wissen willst, wie es in der Abteilung bei mir aussieht, will ich dich gern aufklären.

JOHAN: Bist du jetzt wütend auf mich?

MARIANNE: Ich bin nicht wütend, aber ich fange gleich an zu weinen. Der Fehler mit mir ist, daß ich nicht wütend werden kann. Ich wünsche mir, daß ich eines Tages so furchtbar wütend werden kann, wie ich manchmal Grund zu haben glaube. Ich glaube, das würde mein Leben verändern. *(Pause)* Aber das gehört nun mal nicht zur Sache. *(Seufzt ein wenig)* Als du mich verlassen hattest, hatte ich nur einen Gedanken im Kopf: Ich wollte sterben. Ich lief an dem Morgen damals herum, und es war gerade in der Morgendämmerung, und ich dachte, das überlebst du nicht. In einem plötzlichen Anfall von Rachsucht wollte ich, daß auch die Kinder sterben. Aber dann wurde Karin wach und ihr war übel und sie übergab sich und hatte Fieber. Das war ein Segen, das kann ich dir sagen. Dann bekam sie die Röteln, und das war das Beste, was passieren konnte. Denn sie war wirklich ziemlich krank. Außerdem bekam sie noch eine leichte Lungenentzündung dazu. Abends und nachts war ich also vollauf beschäftigt, und tagsüber hatte ich im Büro Arbeit bis über beide Ohren. Zeit zum Nachdenken blieb dabei nicht mehr übrig. Dann bekam ich ein Magengeschwür, und damit war es gut, obwohl ich mich elend fühlte. *(Pause)* Ja, so vergingen die Wochen. Und dann lernte ich eines Tages den Doktor bei einem Essen kennen, und er war wirklich nicht besonders attraktiv. Aber er machte mir den Hof und sprach mit mir über mich. Ich schlitterte also rein in die Sache. Dann ist es ein bißchen kunterbunt hin und her gegangen, wenn ich aufrichtig sein soll. Es hat Zeiten gegeben, da bin ich in einer beinahe wahnsinnigen erotischen Erregung herumgelaufen. Ich habe mir sogar einen Massageapparat angeschafft und Pornographie gelesen, um dem Druck abzuhelfen, aber es wurde nur schlimmer. Nichts half. Weißt du, warum? Ich bin so an dich gebunden. Jedesmal wenn ich einen anderen im Bett hatte, dachte ich nur an dich. Das sage ich nicht, damit du ein schlechtes Gewissen kriegst, sondern nur, um dir zu sagen, wie es wirklich war. Denn du wolltest doch, daß ich aufrichtig bin. Diese Männer bekam ich auch satt, nicht nur im Bett – manchmal, so mittendrin, konnte es ganz nett sein, besonders wenn wir etwas getrunken hatten –, sondern auch ihr Gerede ging mir auf die Nerven. Du und ich, wir beide haben es immer so schön miteinander gehabt, wenn wir miteinander sprachen oder arbeiteten oder einfach nur schwiegen. Ich bekam ihr Gerede über, ihre Körper, ihre Gesten und Bewegungen. Ich fand, sie machten sich lächerlich, und sie taten mir leid. *(Pause, Nachdenken)* Es war alles ziemlich demütigend, wenn ich aufrichtig sein soll. *(Wiederum Pause)* Ja, dann lernte ich David kennen, und er war ein wenig anders. Er war außerdem jünger als ich und ziemlich kindlich. Ein bißchen wild war er auch. Es fiel mir schwer, mich zu wehren, so daß ich mich ziemlich in ihn verliebte. Er war lieb und zärtlich und fürsorglich und rücksichtslos und heftig, alles durcheinander, und mich hat das ganz schön überwältigt, das muß ich zugeben. Und dann hatte er eine sehr glückliche Hand mit den Mädchen. Wir hatten recht viel Freude miteinander, und die Mädchen mögen ihn. Das war gar nicht schlecht, und ich fing an, dich zu vergessen. *(Verstummt. Denkt nach)*

JOHAN: Und im Bett hat's auch geklappt, nehme ich an?

MARIANNE: Nicht gleich. Zuerst ging es völlig daneben, denn es erschreckte mich so, daß er so heftig war und so viel von mir verlangte und nicht im mindesten Rücksicht nahm oder an mich dachte. Dann fand ich es plötzlich schön, daß er sich nicht um mich kümmerte. Obwohl er es trotzdem tat, auf eine seltsam intuitive Weise. Ich glaube auch, daß er mich manchmal betrog. Aber das machte mir wirklich gar nichts aus. Ich habe nie Fragen gestellt.

JOHAN *(düster)*: Und jetzt habt ihr Schluß gemacht. Das ist doch ein Jammer.

MARIANNE *(ernst)*: Ich weiß nicht, ob es so schade ist.

JOHAN: Vielleicht versöhnt ihr euch nächste Woche wieder.

MARIANNE: Ich weiß nicht, ob ich will. Er ist nicht der, den ich haben will. Heute nachmittag hast du von Einsamkeit gesprochen. Ich meine, daß man zugeben soll, daß man einsam ist. Ich glaube nicht an dein Einsamkeitsevangelium. Ich finde, es ist ein Beweis für Schwäche.

Sie hat die ganze Zeit am Fußende des Bettes gesessen, mit dem Rücken am Bettpfosten. Jetzt hebt sie beide Hände und hält sie in einer hilflosen Gebärde vors Gesicht.

JOHAN: Was ist denn? *(Pause)* Was ist denn, Marianne?
MARIANNE: Es ist so demütigend . . .
JOHAN *(nach einer Pause)*: Was ist denn so demütigend?
MARIANNE: Ich weiß nicht. *(Nimmt sich zusammen)* Ich denke an die Zukunft, und dann denke ich an dich und mich. Ich verstehe nicht, wie du in dieser Welt ohne mich durchkommen willst. Manchmal werde ich völlig verzweifelt und denke: *Ich muß mich um Johan kümmern.* Er lebt auf meine Verantwortung. Es ist meine Aufgabe, darauf zu achten, daß es ihm gutgeht. Nur dadurch erhält mein Leben einen vernünftigen Sinn. Man kann nicht einsam leben und dabei stark sein. Man muß jemanden haben, den man an der Hand halten kann. Verstehst du mich denn nicht im geringsten? Ich glaube, daß wir einen Fehler machen! Ich glaube, wir sollten wie die Verrückten arbeiten, um unsere Ehe zu reparieren. Ich glaube, daß dieses Verhältnis zwischen uns unsere große, einzigartige Möglichkeit ist. Und daß wir die Zeit versäumen. Du kannst doch nicht für drei Jahre verreisen, ohne mich. Das schaffst du nicht. Du wirst so schrecklich ängstlich und unsicher, wenn ich mich nicht um dich kümmere. Entschuldige, daß ich weine. Ich wollte es wirklich nicht.

JOHAN *hat sich im Bett aufgerichtet und liebkost mit verlorener Unbeholfenheit* MARIANNES *Knie. Er sitzt vorn-*

übergebeugt mit geneigtem Kopf und ist sehr betrübt und empört.

JOHAN: Ich habe mich manchmal gefragt, was mit mir eigentlich falsch ist. Ich habe mich gefragt, warum ich aus unserer Ehe ausgebrochen bin und warum ich mich in Paula verliebt habe und warum ich nicht zu dir zurückkehren kann, jetzt, wo es mit Paula zu Ende ist. Aber ich finde keine Erklärung. Ich verstehe nichts. Ich mag dich gern, das weißt du, und manchmal sehne ich mich ganz verzweifelt nach dir. Dennoch steht etwas wie eine dicke Glaswand zwischen uns. Ich sehe dich, aber ich erreiche dich nicht. Es ist wie eine Verachtung – nein, nein, Marianne, so habe ich das nicht gemeint. Du darfst das nicht wörtlich nehmen. Ich drücke mich so schlecht aus. Es lohnt sich nicht, mit Erklärungen zu kommen. Man sagt nur das Falsche. Jetzt werde ich jedenfalls gehen.

MARIANNE: Kannst du nicht bleiben? Wir können nebeneinander liegen und uns an der Hand halten. Und dann können wir über alles mögliche sprechen, was nicht so ernst ist. Und dann schlafen wir schließlich ein.

JOHAN *(gibt auf)*: Also gut. Ich bin wirklich ungeheuer müde. Ich muß nur schnell auf die Toilette.

Er steht auf und tapst hinaus. MARIANNE *streicht die Laken und Decken glatt und öffnet das Fenster einen Spalt. Dann stellt sie den Wecker. Sie geht in die Küche und holt eine Flasche Mineralwasser und zwei Gläser.* JOHAN *ist wieder da.*

JOHAN: Ich habe einen meiner alten Schlafanzüge im Schrank gefunden. Das war ein liebes Wiedersehen.

MARIANNE: Also, gute Nacht, Johan. Schlaf schön.

JOHAN: Schlaf schön.

Es vergehen einige Stunden. Dann wird MARIANNE *dadurch geweckt, daß* JOHAN *die Nachttischlampe angeknipst hat und aufgestanden ist.*

MARIANNE: Was ist? Kannst du nicht schlafen?

JOHAN: Nein, es ist vollkommen unmöglich. Es ist am besten, wenn ich nach Hause fahre. Ich kriege Angstzustände, wenn ich hier liege. Verzeih mir.

Er hat begonnen, sich anzukleiden. MARIANNE *steht ebenfalls auf. Sie öffnet die Nachttischschublade und holt einen Brief hervor, den sie* JOHAN *reicht. Er hält inne und sieht erstaunt auf den Umschlag.*

JOHAN: Das ist ja Paulas Handschrift.

MARIANNE: Das ist ein Brief Paulas an mich.

JOHAN: Was schreibt sie denn Unangenehmes?

MARIANNE: Lies selbst. Der Brief kam vor ihrer Abreise nach London an. Ich wollte ihn dir zuerst gar nicht zeigen, denn sie will es nicht. Aber jetzt kann ich jedenfalls gar nicht anders. Lies ihn. Nein, du sollst ihn hier und jetzt lesen.

JOHAN *(liest)*: »Liebe Marianne! Es wird dich sicher erstaunen, daß du von mir einen Brief bekommst, und ich möchte dir sofort sagen, daß ich in keiner bösen Absicht schreibe. Ich habe diesen Auftrag in London angenommen, um mal eine Woche wegzukommen und damit einen Teufelskreis von Eifersucht und Mißtrauen zu durchbrechen. Ich weiß, daß Johan dich in dem Augenblick aufsuchen wird, in dem ich verschwinde. Ich weiß, daß ich mir das selbst zuzuschreiben habe, denn ich habe ihn konsequent daran gehindert, dich und die Kinder zu sehen. Wenn es doch so wäre, daß man Irrtümer reparieren, daß man Geschehenes ungeschehen machen könnte. Wenn man doch Leiden auslöschen könnte, das man anderen Menschen verursacht hat –«

JOHAN *hört auf zu lesen. Er gibt* MARIANNE *den Brief zurück und lacht kurz auf.*

JOHAN: Typisch Paula. Genauso smart wie immer.

MARIANNE: Ich glaube, sie meint, was sie geschrieben hat. Sie schreibt, sie möchte gern, daß wir Freunde werden. Daß sie Feindschaft und Schweigen nicht ertragen kann. Sie sagt hier am Schluß, wenn es nun so ist, »daß Johan zu seiner Familie zurückkehren möchte, dann werde ich ihn nicht daran hindern«.

JOHAN: Das ist ja ergreifend. Und am ergreifendsten ist, daß du ihr glaubst.

MARIANNE: Erzähl ihr nicht, daß ich dir den Brief gezeigt habe, bitte nicht!

JOHAN *(nimmt den Brief, liest)*: »Johan ist der weichste, liebste und sanftmütigste Mensch, dem ich je begegnet bin. Wenn es überhaupt so etwas wie Liebe gibt, so glaube ich, daß ich ihn liebe. Johans Schwierigkeit ist, daß er zutiefst unsicher ist. Ihm fehlt jedes Selbstvertrauen, obwohl er immer so tüchtig und mutig erscheinen möchte und sich nie beklagt.« *(Hört auf zu lesen)* Ich habe gemerkt, daß man über jeden beliebigen Menschen eigentlich alles und jedes sagen kann. Irgendwie stimmt es immer. Bitte sehr, hier hast du den Brief.

JOHAN *beendet sein Ankleiden schweigend. Geht in den Flur hinaus und zieht sich den Mantel an.* MARIANNE *bleibt mit dem Brief in der Hand auf dem Bett sitzen.* JOHAN *kehrt ins Schlafzimmer zurück, stellt sich vor* MARIANNE *hin und legt ihr die Hand auf die Schulter. Sie sieht zu ihm hoch. Sie wissen beide nicht, was sie sagen sollen. Er berührt leicht ihre Wange.*

Sie küßt seine Hand.

Dann geht er.

Fünfte Szene

Die Analphabeten

Personen

MARIANNE
JOHAN
NACHTWÄCHTER

Ein äußerst neutrales Zimmer (behördliche Norm). Ein Abend im Juni. JOHAN *sitzt und liest einen Untersuchungsbericht. Er ist erkältet. Es klopft an der Tür. Bevor* JOHAN *Zeit hat, etwas zu sagen, stürmt* MARIANNE *herein.*

MARIANNE: Entschuldige, daß ich mich verspätet habe. Aber Papa rief gerade an, als ich weggehen wollte, und er war wahnsinnig umständlich. Ich sagte ihm ein paarmal, daß ich es eilig habe, aber auf dem Ohr war er taub. Hej, wie geht's dir denn?

JOHAN: Ich bin erkältet.

MARIANNE: Ja, du siehst wirklich schlecht aus.

JOHAN: Zunächst hatte ich so ganz allgemeine Halsschmerzen und dachte, na, das wird bald wieder vorbei sein. Dann wurde es ein Mordsschnupfen, und dann ging die Geschichte in die Atemwege. Und jetzt huste ich die Nächte durch. Ich fühle mich fiebrig und unbehaglich. Am liebsten hätte ich dieses Treffen abgesagt. Aber du hast ja eine Auslandsreise vor, und wir müssen die Papiere doch dem Gericht einreichen, bevor du abreist, nicht wahr?

MARIANNE: Armer Johan. Du kannst einem richtig leid tun. Hoffentlich bist du bei Paula in den richtigen Händen.

JOHAN: Sie ist auch erkältet. Aber sie hat es als so eine Art Magengrippe erwischt. Sehr romantisch.

MARIANNE: Du wirst schon damit fertig. Wart's ab.

JOHAN: Du machst übrigens einen ziemlich kreglen Eindruck.

MARIANNE: Mag schon sein.

JOHAN: Ist was Besonderes los?

MARIANNE: Es ist immer schön, wenn man rauskommt und verreisen kann. Dann ist noch Frühling. Und schließlich habe ich ein neues Kostüm. Wie findest du's übrigens? Ist es nicht hübsch? In diesem Licht kommt die Farbe natürlich nicht zu ihrem Recht. Sag doch was. Wie findest du's?

JOHAN: Doch, es ist hübsch.

MARIANNE: Es ist gut, daß wir uns hier in deinem Arbeitszimmer treffen können. Damit sparen wir Zeit, wollte ich sagen.

JOHAN: Das Zimmer ist nicht gerade gemütlich.

MARIANNE: Es paßt ausgezeichnet für das Durchgehen von Scheidungspapieren. Guck mal her, jetzt. Dies ist die Vereinbarung, wie Henning sie aufgesetzt hat. Wort für Wort so, wie wir sie gemeinsam diktiert haben.

JOHAN: Dann brauche ich sie doch nicht mehr zu lesen.

MARIANNE: Man soll immer alles durchlesen, bevor man unterschreibt. Na, komm schon, Johan, sei jetzt nicht sauer.

JOHAN: Ich bin nicht sauer.

MARIANNE: Du bist scheußlich sauer. Hier sind außerdem das Verzeichnis der gemeinsam erworbenen Inventarien und die Abmachung, wie wir sie untereinander zu teilen gedenken. Das ist aber nur eine Liste für uns selbst. Die brauchst du nicht zu unterschreiben.

JOHAN: Hier steht, daß du Großmutters Pendüle kriegen sollst. Das ist doch wohl auf jeden Fall ein Mißverständnis.

MARIANNE: Aber, aber, lieber Johan, die habe ich doch von deiner Großmutter geschenkt bekommen. Darüber haben wir übrigens schon gesprochen.

JOHAN: Ich kann mich nicht erinnern, daß wir uns über Großmutters Pendüle unterhalten haben.

MARIANNE: Wenn du so an dem Ding hängst, kannst du's von mir aus behalten. Aber es gehört mir tatsächlich.

JOHAN: Nein, verflucht noch mal. Du hast natürlich recht, wie immer. Nimm ruhig die Pendüle. Ich streite mich nicht um Kleinigkeiten. *(Hustet)*

MARIANNE: Gibt es noch mehr Dinge, von denen du meinst, daß ich sie mir ungerechtfertigt unter den Nagel gerissen habe?

JOHAN *(sauer)*: Dein Sarkasmus ist vor die Säue geworfen. Ich habe Schnupfen, und außerdem bin ich deprimiert. Bitte sehr. Möchtest du ein Glas feinen alten Cognac?

MARIANNE: Das ist genau das, was uns beiden jetzt guttäte.

JOHAN: Ich bekam eine Flasche von Egerman. Er ist in Paris gewesen, um ein paar Vorlesungen zu halten, und hat dort von dankbaren Kollegen eine ganze Kiste geschenkt bekommen. Bitte sehr. Skål! Na, wie findest du ihn? Mein Gott, tut das gut.

MARIANNE: Gut. Eigentlich mag ich Cognac gar nicht. Aber das hier ist etwas völlig anderes.

JOHAN: Jetzt fühle ich mich tatsächlich besser.

MARIANNE *(nach einer Pause)*: Wie schwer es trotz allem ist.

JOHAN: Was ist denn so schwer?

MARIANNE: Sich scheiden zu lassen.

JOHAN: Das sind doch nur ein paar alberne Papiere.

MARIANNE: Ich finde es jedenfalls schwer. Wir leben schon seit ewigen Zeiten getrennt. Wir haben uns kaum gesehen. Wir sind uns einig. Trotzdem sitze ich hier mit einem schlechten Gewissen. Ist das nicht seltsam? Johan! Findest du nicht, daß es . . .

JOHAN *(traurig)*: Doch, es ist seltsam.

MARIANNE: Als ich hierherfuhr, hatte ich gute Laune. Ich hatte mich entschlossen, nicht zu weinen. Ich hatte mir vorgenommen, mich durch die Situation nicht beeinflussen zu lassen.

JOHAN: Du sagtest, du hättest ein schlechtes Gewissen.

MARIANNE: Wollen wir uns nicht auf das Sofa da hinten setzen und die Deckenlampe ausmachen? Das Licht ist wirklich tötend. Wie kannst du in einem Raum arbeiten, der so unwahrscheinlich ungemütlich ist?

JOHAN: Das Sofa ist auch nicht besonders bequem.

MARIANNE: Doch, wenn man die Beine auf einen Stuhl legt.

JOHAN: Ist es gut so? Möchtest du noch einen Cognac?

MARIANNE: Ja, bitte. Bist du heute abend allein hier? Ist das ganze Haus leer?

JOHAN: Ein Nachtwächter ist da.

MARIANNE: Wie nett.

JOHAN: Wieso nett?

MARIANNE: Ich weiß nicht, ich find's nur nett.

JOHAN: Wenn man Schnupfen hat, ist nichts nett.

MARIANNE: Stell dich nicht so an. Es ist sicher nichts Tödliches. Skål! Es schmeckt immer besser.

JOHAN: Du hast beneidenswert gute Laune.

MARIANNE: Das glaub' ich auch, aber ich bin nicht ganz sicher. *(Lächelt)* Wenn ich ehrlich sein soll, so bin ich ziemlich verliebt.

JOHAN: Immer noch dieser David?

MARIANNE: David? Ach so, der. Nein, das ist passé.

JOHAN: Aha.

MARIANNE: Ich finde auch, daß ich angefangen habe, von dir frei zu werden. Und das ist ziemlich schön. *Unheimlich schön.*

JOHAN: Was meinst du damit?

MARIANNE: Denk nicht drüber nach. Gib mir einen Kuß.

JOHAN: Ich habe Schnupfen.

MARIANNE: Du weißt doch wohl noch, daß ich deine Infekte nie kriege. Gib mir einen Kuß. Ich will es.

JOHAN *(küßt sie)*: Nun, war das so, wie du es dir vorgestellt hast?

MARIANNE: Besser. *(Knöpft die Bluse auf)* So, jetzt leg mir die Hand auf die Brust. So, das ist schön.

JOHAN: Willst du mich verführen?

MARIANNE: Genau das habe ich vor. Genau hier und jetzt. Auf dem Fußboden, auf dem Teppichboden. Was sagst du dazu? Wäre das nicht schön? Warum siehst du so mißtrauisch aus? Hast du Angst vor dem Nachtwächter? Wir sind doch trotz allem noch immer verheiratet. Komm jetzt, leg dich auf mich. Man sollte viel öfter auf dem Fußboden lieben. Kannst du die Tür abschließen? Komm jetzt, leg dich hin, mein Liebling. Nun, ist das nicht schön? *(Lächelnd)* Mein armer kleiner Mann, der so ein trauriges Leben hat. So ja, so ja, jetzt ist es doch schön mit uns, nicht wahr? Küß mich. Ich hab's schon immer gern gehabt, wenn du mich küßt. Leg dich jetzt hin, dann setz' ich mich auf dich, dann kommen wir gleichzeitig. Mach die Augen zu. Wenn du mich anguckst, werde ich so bewußt. Leg mir die Hände auf die Hüften. Ja, so ist es gut. So ist es schön. Ja, ja. Stell dir vor, der Nachtwächter käme! *(Lächelt)* Dann lassen wir ihn auch mitmachen, nicht? Denn wir sind ja so grenzenlos frei. Und wir haben die ganze Nacht Zeit. Wir wollen nur trinken und lieben. Und morgen reichen wir die Scheidungspapiere ein.

Nachdem sie sich geliebt haben, liegen sie Seite an Seite und sehen sich an. JOHANS *Hand ruht an* MARIANNES *Wange. Sie hat die Augen geschlossen, lächelt aber immer noch.*

JOHAN: Ich wüßte gern, woran du denkst.

MARIANNE: Woran ich denke? Ja, wenn du das wüßtest.

JOHAN: Hast du vielleicht Hunger?

MARIANNE: Das habe ich ständig.

JOHAN: Wie wäre es mit etwas Tatar und einem großen Glas Bier? Was meinst du? Würde das nicht schmecken?

MARIANNE: Du kannst mit mir doch nicht in ein Lokal gehen.

JOHAN: Ich bin heute abend in Uppsala mit den Studenten zusammen.

MARIANNE: Wenn das so ist, darfst du mich gern zum Abendessen einladen.

Sie sind munter, zerzaust und ein wenig angetrunken; sie fangen an, ihre Kleidung und ihre Gesichter in Ordnung zu bringen.

MARIANNE: Ist hier ein Klo in der Nähe?
JOHAN: Auf dem Flur links. Du siehst es sofort.

MARIANNE *schließt auf und verschwindet auf den Flur.* JOHAN *geht an den Schreibtisch und beginnt, seine Pfeife zu stopfen. Zündet sie an; danach blättert er etwas zerstreut in den Scheidungspapieren, die auf dem Tisch ausgebreitet sind. Plötzlich steht der Nachtwächter in der Tür.*

NACHTWÄCHTER: Guten Abend, Herr Professor.
JOHAN *(fährt zusammen):* Mein Gott, Sie sind's. Guten Abend.
NACHTWÄCHTER: Immer genug Arbeit für Überstunden, was?
JOHAN: Ja, so wird's sein, o ja.
NACHTWÄCHTER: Es ist natürlich die Sekretärin, die auf der Toilette ist.
JOHAN: Wie bitte? Ja, es ist die Sekretärin, natürlich.
NACHTWÄCHTER: Aha. Also, gute Nacht dann, Herr Professor.
JOHAN: Wir wollen gleich gehen.
NACHTWÄCHTER: Von mir aus können Sie die ganze Nacht bleiben.
JOHAN: Das haben wir gar nicht vor.
NACHTWÄCHTER: Schönen Mittsommer wünsche ich.
JOHAN: Danke, gleichfalls. Danke, danke. Gute Nacht.

Der Nachtwächter entfernt sich. JOHAN *setzt sich an den Schreibtisch und fängt an, ernsthaft in den Scheidungspapieren zu lesen.* MARIANNE *kommt leise herein, stellt sich hinter* JOHAN *und liest über seine Schulter.*

MARIANNE: Laß uns doch die Abmachung unterschreiben und dann ausgehen und feiern. Wäre das nicht ein würdiger Abschluß für eine lange und glückliche Ehe?

JOHAN: Ich möchte die Papiere lieber mit nach Hause nehmen und sie in aller Ruhe durchlesen.

MARIANNE: Was soll das denn jetzt heißen? Sollen wir etwa anfangen, die Abmachung zu ändern, nachdem wir schon alles durchdiskutiert haben?

JOHAN: Du hast eben selbst gesagt, daß man nicht unterschreiben soll, bevor man alles ordentlich durchgelesen hat. Oder etwa nicht?

MARIANNE *(irritiert)*: Also gut, dann setzen wir uns hier vis-à-vis hin und lesen alles noch mal durch, von A bis Z. Damit du siehst, daß ich dich nicht auf irgendeine mysteriöse Weise reingelegt habe. *(Setzt sich verärgert hin)*

JOHAN: Warum wirst du so wütend?

MARIANNE: Ich bin überhaupt nicht wütend. Also, laß uns jetzt anfangen.

JOHAN: Doch, du bist mit einemmal wütend.

MARIANNE: Wenn du meinst. Ich bin wütend, aber ich will versuchen, mich zu beherrschen, weil ich es mir zur Gewohnheit gemacht habe, mich zu beherrschen, wenn es um dich und deine Launen geht. *(Milde)* Können wir jetzt diese unergiebige Diskussion verlassen und zum Lesen übergehen? Es ist wirklich schon ziemlich spät, und ich habe morgen noch einen Arbeitstag vor mir.

JOHAN: Also ausgehen und essen wollen wir jetzt auch nicht mehr?

MARIANNE: Nein, danke. Lassen wir das lieber. Ich bin auch so schon dankbar genug für die Gnadenbeweise, die mir zuteil geworden sind.

JOHAN: Ich möchte wirklich gern wissen, wer hier Launen hat.

MARIANNE: Hör mal, Johan. *(Beherrscht sich)* Nein, jetzt nicht sprechen. Ich fühle, daß es sinnlos wäre. Ich werde mich also beherrschen. *(Milde)* Nehmen wir also die Papiere und stecken sie in diesen Umschlag, und dann nimmst du sie mit nach Hause, und dann kannst du zusammen mit Paula den Wortlaut ganz genau durchsehen, damit ihr merkt, daß ich dich nicht beschubst habe.

JOHAN: Aber Marianne, was zum Teufel ist denn eigentlich los?

MARIANNE: Nichts.

JOHAN: Wir waren doch eben noch die besten Freunde.

MARIANNE *(beherrscht sich)*: Eben. Apropos. Vergiß nicht, daß Eva am Dienstag Geburtstag hat.

JOHAN: Vergesse ich denn etwa die Geburtstage der Kinder?

MARIANNE: Nein, wenn ich dich rechtzeitig daran erinnere, passiert das nicht. Ich wäre dir dankbar, wenn du ihre Reise nach Frankreich in diesem Sommer bezahlen würdest. Ich kann sie mir nämlich nicht leisten.

JOHAN: Wieviel kostet sie denn?

MARIANNE: Ich glaube, es werden so um die zweitausend Kronen.

JOHAN: Bist du noch bei Verstand? Woher soll ich plötzlich zweitausend Kronen nehmen? Das ist undenkbar.

MARIANNE: Dann frag doch mal deine Mama.

JOHAN: Von ihr hab ich schon viel zuviel geliehen.

MARIANNE: Ich habe jedenfalls kein Geld. Karins Zahnregulierung hat über tausend Kronen gekostet.

JOHAN: Gibt es denn keine Schulzahnärzte mehr?

MARIANNE: Du weißt genausogut wie ich, warum Karin sich weigert, zum Schulzahnarzt zu gehen.

JOHAN: Eva wird wohl ihre Reisepläne aufgeben müssen. Ich habe jedenfalls kein Geld. Es wird ihr gar nicht schaden, wenn sie kapiert, daß man in dieser Welt nicht alles haben kann, was man haben möchte. Sie ist übrigens so unglaublich verwöhnt, daß es beinahe nicht wahr ist. Und unerzogen. Sie war letzte Woche bei meiner Mutter. Mama rief mich hinterher an und war ziemlich erschüttert über das Benehmen des Görs.

MARIANNE *(gibt nach)*: Hat deine Mutter das wirklich gesagt? Ja, es ist hoffnungslos. Aber die Kleine ist im schwierigsten Alter.

JOHAN: Ein bißchen Schliff könntest du den Mädchen ruhig beibringen. Aber du läßt sie gewähren, wie es ihnen paßt.

MARIANNE: Es ist gar nicht so leicht mit ihnen, will ich dir mal sagen. Sie finden, daß ich viel zu selten zu Hause bin und mich viel zuwenig mit ihnen beschäftige. Aber ich versuche, so oft wie möglich bei ihnen zu sein. Sie sind immerzu wütend auf mich. Es ist so, als wäre alles meine Schuld.

JOHAN: Du müßtest dir Respekt verschaffen. Sie werden's dir dennoch nicht danken, daß sie sich benehmen dürfen, wie es ihnen paßt.

MARIANNE: Was ist das denn wieder für ein Unsinn? Ist es nicht besser, daß ich ihr Vertrauen habe? Denn es ist tatsächlich so, daß wir über alles reden. Und dafür bin ich dankbar. Dann kann man auf solche Äußerlichkeiten pfeifen wie Benehmen und das, was du Verwöhntheit nennst.

JOHAN: Wie dem auch sei: Ich habe kein Geld für Evas Frankreich-Reise. Das kannst du ihr ausrichten.

MARIANNE: Das mußt du ihr schon selbst sagen.

JOHAN: Warum das denn? Das Sorgerecht hast du doch. Ich bezahle eine irre Summe für den Unterhalt, die ich außerdem versteuern muß und die meine Finanzen völlig durcheinanderbringt. Es kann also nicht der Sinn der Sache sein, daß ich noch zusätzlich für eine Menge idiotischer Ausgaben geradestehen muß. In der Scheidungsvereinbarung steht darüber jedenfalls kein Wort. Oder doch?

MARIANNE: Es ist nicht die Schuld der Kinder, daß es uns schlechter geht, bloß weil du dich mit einer anderen aus dem Staub gemacht hast.

JOHAN: Ich hätte nie gedacht, daß ich ausgerechnet so etwas von dir zu hören kriegen würde.

MARIANNE: Nein, verzeih mir. Das war dumm von mir.

JOHAN: Schon gut. Ich werde mit unserer Tochter reden. Das Problem ist nur, daß uns alle Kommunikationsmöglichkeiten fehlen. Wenn sie zu mir nach Hause kommt, schmeißt sie sich auf eine Couch und liest Donald Duck. Oder sie haut sich in den bequemsten Sessel und guckt in die Röhre. Wenn ich den schüchternen Versuch mache, mit ihr zu reden, antwortet sie einsilbig, als hätte sie eine weiche Birne. Paula kriegt überhaupt keine Antwort. Ich finde das Gör abscheulich, wenn ich ehrlich sein soll. Ich kriege sie nur dann dazu, einen kompletten Satz mit Subjekt, Prädikat und Akkusativobjekt gnädig zu formulieren, wenn ich sie mit Geld besteche oder sie ins Kino einlade. Im übrigen quatscht sie gern am Telefon mit ihren Freunden, und dann geht ihre Schnauze wie geölt. Stundenlang. Irgendwelche Vatergefühle sind jedenfalls nicht vorhanden. Aber hübsch ist sie geworden, das muß ich zugeben. Nein, mit Karin habe ich's da viel leichter. Obwohl sie so verflucht kindlich ist. Hältst du's übrigens für möglich, daß sie etwas zurückgeblieben ist? Was mich betrifft, ich fange allmählich an, ein wenig ängstlich zu werden.

MARIANNE: Wie albern du klingst, wenn du auf diese Weise von den Kindern sprichst. Albern und kindlich.

JOHAN: Ja, so ist es wohl. Mich amüsiert das gar nicht. Ich habe sie aus Versehen mit auf die Welt gebracht und dann eine unglaubliche Menge Geld für ihren Unterhalt bezahlt. Damit dürfte es genug sein. Ich weigere mich, die Vaterrolle zu spielen, und ich nehme mir heraus, die Kinder genauso blöd zu finden, wie sie mich blöd finden. Wer hat übrigens gesagt, daß ich immer den ersten Schritt tun muß, wenn es um Dinge wie Kontakt, Nähe, Liebe und all dieses Zeug geht? Nein, ich ziehe es vor, meine Rolle der Brieftasche auf zwei Beinen zu spielen. Dabei habe ich jedenfalls kein schlechtes Gewissen, denn ich zahle mich praktisch tot bei diesem Geschäft. Und das ist auch völlig in Ordnung. Wenn man eine Dummheit begeht, muß man dafür bezahlen. Und begeht man wie in diesem Fall zwei Dummheiten, muß man eben doppelt bezahlen. Ehrlich gesagt, verabscheue ich meine dummen, verwöhnten, unbegabten, faulen und selbstsüchtigen Töchter. Mir ist übrigens klar, daß die Gleichgültigkeit auf Gegenseitigkeit beruht. *(Pause)* Warum sagst du nichts? Bist du jetzt wütend?

MARIANNE: Ich denke nach.

JOHAN: Du denkst nach?

MARIANNE: Du warst früher anders. *(Hastig)* Ja, ich meine, wenn es um die Kinder ging. Erinnerst du dich noch daran? Wie froh du warst, als ich mit einem dicken Bauch herumlief? Und wie sehr du hinterher warst, daß Eva einen Bruder oder eine Schwester bekam? Weißt du noch, wie du mir geholfen hast, die beiden zu pflegen? Wir teilten alle Pflichten unter uns auf, so daß die Schwester, die Mama eingestellt hatte, aus purer Verzweiflung den

Job kündigte. Du warst ständig mit den Kindern zusammen. Du hast mit ihnen gespielt, ihnen Märchen vorgelesen, du warst so zärtlich und lieb und geduldig. Viel geduldiger als ich. Erinnerst du dich noch, wie beunruhigt du warst, als sie nur den geringsten Anflug von Krankheit zeigten? Du hattest eine viel glücklichere Hand mit ihnen als ich. Und sie liebten dich. Weißt du noch, wie wir an Wochenenden zusammen waren? *(Traurig)* Warum ist es nur so gekommen? Warum ist es schiefgegangen? Wann wurden die Kinder dir gleichgültig? Wann wurdest du den Kindern gleichgültig? Wo sind alle Liebe und alle Fürsorge geblieben? Und alle Freude? Denk doch nur an den Sommer, als wir um das Mittelmeer herumkutschierten und die Mädchen in deinem alten Schrotthaufen von Auto mitnahmen. Und zelteten. Erinnerst du dich noch an diese August-Nächte an der spanischen Küste, als wir alle vier unter bloßem Himmel dicht beieinander schliefen? Weißt du überhaupt noch, wie warm und wunderbar und gut wir vier es überhaupt zusammen hatten?

JOHAN: Ich weine nicht über den Schnee von gestern. Die Kinder werden groß. Beziehungen zerbrechen. Liebe endet, ebenso Zärtlichkeit, Freundschaft und Zusammengehörigkeit. Das ist nichts Besonderes. Es ist einfach nur so.

MARIANNE: Manchmal finde ich, daß wir wie zwei verwöhnte und bevorzugte Sonntagskinder gewesen sind, die ihre Möglichkeiten verspielt haben und plötzlich arm und bitter und wütend dastehen. Wir müssen irgendwo einen Fehler gemacht haben, und es ist niemand dagewesen, der uns hätte sagen können, was wir falsch gemacht haben.

JOHAN: Ich möchte dir mal etwas Banales sagen. Wir sind Analphabeten, wenn es um Gefühle geht. Und das ist eine traurige Tatsache, nicht nur, was dich und mich betrifft, sondern praktisch alle Menschen sind es. Wir lernen alles über den Ackerbau in Rhodesien und den Körper und über die Wurzel aus Pi oder wie das heißt, aber kein Wort über die Seele. Wir sind bodenlos und ungeheuer unwissend, wenn es um uns selbst und andere geht. Heutzutage sagt man so leichthin, man soll die Kinder zu Menschlichkeit und Verständnis und Toleranz und Gleichheit, oder wie die Modewörter sonst noch lauten mögen, erziehen. Aber niemand kommt auf die Idee, daß wir zuerst etwas über uns selbst und unsere eigenen Gefühle lernen müssen. Über unsere eigene Furcht und Einsamkeit und unseren Zorn. Da stehen wir nun, ausgeliefert und unwissend und mit schlechtem Gewissen und zusammengekrachten Ambitionen. Ein Kind seiner Seele bewußt zu machen ist beinahe etwas Unanständiges. Wenn man das tut, halten einen die Leute fast für einen Kinderverderber. Wie soll man jemals andere verstehen, wenn man nichts über sich selbst weiß? Jetzt gähnst du, und darum ist der Vortrag zu Ende. Mehr hatte ich außerdem nicht zu sagen. Möchtest du noch ein Glas Cognac? Jetzt können wir überlegen, wie wir's mit dem Abendessen machen wollen.

MARIANNE: Ich nehme gern noch einen. Ich bin übrigens nicht deiner Meinung, aber darauf kommt es nicht an. Ich glaube nicht an dieses Gerede von Bewußtheit. Was hat es denn für einen Sinn, die Menschen noch ängstlicher zu machen, als sie ohnehin schon sind? Du sagst, Wissen sei Geborgenheit. Das ist doch nur Gerede. Wissen gibt mehr Wahlmöglichkeiten und mehr Angst.

JOHAN *(hustet)*: Verdammter Husten. Ach, übrigens, da fällt mir noch etwas Lustiges ein, das ich dir erzählen möchte. Das mit der Gastprofessur ist in die Hose gegangen. Nicht, daß es mir etwas ausmacht. Aber immerhin.

MARIANNE: Aber Johan, das ist ja schrecklich.

JOHAN *(trinkt)*: Na, ich weiß nicht, ob es so schrecklich ist. Natürlich war ich ziemlich traurig. Wie gewöhnlich steckt irgendeine Kungelei dahinter. Zuerst wurde die Reise verschoben, und da habe ich noch nicht Lunte gerochen. Dann war plötzlich kein Geld da. Dann durfte Åkerman reisen. Und ich saß da. *(Lacht)* So kann's einem gehen. Skål!

MARIANNE: Du Ärmster. Wann ist das denn passiert?

JOHAN: Im Mai. Ich war gezwungen, wieder unbezahlten Urlaub zu nehmen, und das war schwierig. Da schlug Öhberg vor, ich sollte mich direkt an den Universitätskanzler wenden. Ja, und dann rückten sie endlich damit heraus, daß Åkerman fahren sollte. Ich gebe ja zu, daß er in letzter Zeit mehr wissenschaftliche Arbeit geleistet hat als ich. Es steht aber fest, daß irgendeine Schiebung dahintersteckt. Das ist völlig klar.

MARIANNE: Du Ärmster. Es ist wirklich traurig.

JOHAN *(wird nörgelig)*: Ich verstehe nicht, was das für eine Mentalität ist. Vor einigen Wochen sollten wir zu einem Kongreß nach Oslo fahren. Und dann schaltet sich plötzlich das Ministerium ein und erzählt uns, wir könnten leider nicht fahren. Daß wir erstens kein Geld kriegen und daß wir zweitens schön zu Hause bleiben und unseren Dienst versehen sollen. *(Trinkt)* Was ist das bloß für eine Scheißsprache! Wir sind doch schließlich keine faulen Pennäler, die den Unterricht schwänzen wollen. Ich ging ins Ministerium, um über die Sache zu reden. Es war das Schlimmste, was ich je mitgemacht habe. Ich wollte mit dem Bildungsminister sprechen, aber der hatte keine Zeit. Ich mußte mich mit irgendwelchen verdammten Subalternen begnügen. Du hättest die mal sehen sollen. Du hättest mal sehen sollen, wie die sich benommen haben. Ich bin immerhin ein wohlerzogener Mensch. Und außerdem bedeutend älter. Du hättest mal hören sollen, was für Sprüche die im Munde führen. Und dieser Staatssekretär ist hirnrissig. Die Figuren hätten mich beinahe ausgelacht. Zum Schluß wußte ich nicht mehr, was ich noch sagen sollte, und bin weggegangen. So wird man heutzutage also behandelt. Man ist nichts wert. *(Trinkt)*

Man ist unbequem geworden. Und dann hat man natürlich nicht die richtige politische Couleur. Man ist nicht progressiv. Man überholt die Linken nicht linksaußen. Zu alt. Aus dem Rennen geworfen. Man könnte sich totlachen. *(Trinkt)* Im Sommer werde ich fünfundvierzig. Man kann zwar davon ausgehen, daß ich noch dreißig Jahre zu leben habe, aber objektiv gesehen bin ich schon jetzt ein Kadaver. In den nächsten zwanzig Jahren soll ich also nur dadurch mein eigenes Leben und das anderer Menschen verbittern, daß ich da bin. Ich bin nichts weiter als eine kostspielige, unproduktive Einheit, die man von Rechts wegen wegrationalisieren müßte. Und dies sollen die besten Jahre sein. In denen man sich wirklich nützlich machen könnte. In denen man wirklich schon ein bißchen Erfahrung zu bieten hat. O nein, Scheiße. Weg mit dem Schrotthaufen. Laßt den Kerl wursteln, bis er verfault. Ich bin so unendlich müde, Marianne. Wenn ich nur den Mut hätte, würde ich am liebsten ausbrechen und aufs Land ziehen oder vielleicht um eine Stelle als Lehrer in einem Kleinstadtgymnasium nachsuchen. Manchmal finde ich, es wäre schön, wenn ... *(Trinkt)* Ja, so steht's um mich. *(Lacht)* Paula hat eine sehr ambivalente Einstellung zu dieser Situation. Und manchmal sagt sie, ich bin ein Würstchen, und fängt an, ihre Sachen zu packen. Ich weiß nicht, welche Alternative mir die größere Erleichterung verschaffen würde. Übrigens glaube ich, daß sie mich betrügt. Aber das macht mir nicht viel aus. Meine Eifersucht ist im Prinzip vorbei. Eigentlich ist alles vorbei. Ich weiß kaum noch, wer ich bin. Irgend jemand hat auf mich gespuckt, und ich bin im Qualster ertrunken. *(Lacht)*

MARIANNE: Es ist doch ziemlich merkwürdig ...

JOHAN: Was ist merkwürdig?

MARIANNE: Ich sitze hier und höre dir zu. Und eigentlich sollte ich dabei etwas empfinden. Aber ich empfinde nichts. Vielleicht ein bißchen Mitleid. Als ich heute abend herkam, kam mir plötzlich der Gedanke, ich müßte mit dir schlafen, um herauszubekommen, ob ich etwas empfinde. Ich empfand nichts anderes als ein wenig liebe Freundschaft. Weißt du, was ich glaube, Johan? Ich bin dabei, mich von dir zu befreien. Es hat lange gedauert und unerträglich weh getan. Aber jetzt bin ich wohl frei und kann anfangen, mein eigenes Leben zu leben. Und das finde ich sehr schön.

JOHAN: Dann darf ich herzlich gratulieren.

MARIANNE: Ich weiß nicht, warum ich das sage. Und es ist sicher ziemlich grausam, es ausgerechnet jetzt zu sagen, wo du mir erzählt hast, daß du es schwer hast. Aber seltsamerweise ist mir das gleichgültig. In der Zeit unseres Zusammenlebens habe ich viel zuviel Rücksicht auf dich genommen. Ich glaube, die Rücksichtnahme hat die Liebe getötet. Hast du schon mal daran gedacht, daß wir nie Krach miteinander hatten? Wenn ich mich recht erinnere, hielten wir Streit und Gezänk beide für häßlich. Nein, wir haben uns lieber hingesetzt und schön verständnisvoll miteinander gesprochen. Du hattest mehr Bücher gelesen und wußtest mehr über die Seele; du hast mir dauernd erzählt, was ich *im Grunde* dachte. Was ich *tief im Innern* fühlte. Ich verstand nie, wovon die Rede war. Ich fühlte nur eine gewaltige Last, die ich als eine Art Trauer empfand. Wenn ich mir selbst erlaubt hätte, nicht mit einem schlechten Gewissen zu reagieren, hätte ich gewußt, daß alles falsch war, was wir einander sagten und taten. Erinnerst du dich noch an die Zeit nach Karins Geburt? Als wir plötzlich nicht mehr miteinander schlafen konnten? Ja, da setzten wir uns schön ordentlich hin und erklärten einander schön ordentlich, daß es völlig natürlich sei. Daß es selbstverständlich sei bei zwei Schwangerschaften kurz nacheinander. Und alle unsere späteren Gespräche darüber, warum es uns keinen Spaß mehr machte, miteinander zu schlafen. Keiner von uns begriff, daß das Warnsignale waren. Um uns herum gingen überall rote Lichter und Stoppsignale an. Aber wir meinten nur, es sei so in Ordnung. Wir gaben uns damit zufrieden.

JOHAN: Ich finde solche nachträglichen Erklärungsversuche unerhört gleichgültig.

MARIANNE *(schreit auf)*: Du machst mich noch wahnsinnig, du mit deinen idiotischen Sarkasmen! Bist immer du derjenige, der bestimmt, was passend ist oder sich schickt? Ich finde, es geschieht dir recht, wenn es dir dreckig geht. Ich finde es schön, daß Paula dich betrügt. Ich finde, du kannst dir das Leben nehmen, wenn du Lust dazu hast. Aber du bist wahrscheinlich zu feige. Es war wohl nichts weiter als Gerede. Ja, jetzt sitzt du mit Tränen in den Augen da. Das läßt mich kalt! Ich finde, du kannst auch einmal was abkriegen. Jetzt kannst du mal fühlen, wie es mir gegangen ist.

JOHAN *(ruhig)*: Pfui Teufel, wie ich dich eigentlich hasse. Ich weiß noch, daß ich das ziemlich oft gedacht habe. Pfui Teufel, wie ich sie hasse. Besonders, wenn wir miteinander geschlafen hatten und ich deine Gleichgültigkeit und Zerstreutheit gefühlt hatte. Und dann waren wir draußen im Badezimmer, und du hocktest da nackt auf dem Bidet und spültest und spültest dieses Eklige raus, das du von mir gekriegt hattest. Du sagtest immer, es riecht so verdammt schlecht. Damals dachte ich: Ich hasse sie, ihren Körper, ihre Bewegungen. Ich hätte dich schlagen sollen. Ich hatte Lust, diesen weißen, harten Widerstand kaputtzuschlagen, den du ausstrahltest. Aber statt dessen redeten wir freundlich miteinander und scherzten, wie gut es uns trotz allem ging.

MARIANNE: Dann erklär mir doch mal, warum ich jetzt einen Mann habe. Und ihn liebe ich. Ich liebe seinen Körper, ich mag seine Gerüche. Ich tue alles, worum er mich bittet. Ich sehne mich danach, daß er mich anfaßt, daß er meine Brüste berührt. Weißt du noch? Du durftest meine Brüste nur auf eine bestimmte Weise anfassen.

Ich verabscheute es, wenn du es irgendwie unerwartet machtest, so, wie es nicht streng abgemacht und reglementiert war. So ist es heute nicht mehr.

JOHAN: Wart's nur ab, dann wirst du schon sehen. Nach einiger Zeit heiratet ihr, und dann fängt es mit ihm genauso an, ehe du dich's versiehst. Wart's nur ab. Das sitzt tief, Marianne. Und dann fängst du an, dich nach einem neuen Liebhaber umzusehen, der dich noch einmal von diesem Abscheu befreien kann.

MARIANNE: Ich weiß, daß du unrecht hast. Und ich weiß, daß wir diese Schwierigkeiten hätten überwinden können. Sie waren nicht auf unser Sexleben beschränkt. Sie waren Symptome für andere Spannungen. Und die hätten wir gemeinsam bewältigen sollen, es jedenfalls versuchen sollen. Aber wir waren so hoffnungslos rücksichtsvoll, daß wir davon abkamen, bevor wir es überhaupt versucht hatten.

JOHAN *(zornig)*: Es gibt etwas, was man normale, einfache Zärtlichkeit nennt. Es gibt etwas, was man normale, selbstverständliche Sinnlichkeit nennt, körperliches Verlangen. Davon weißt du nichts. Für dich ist all das blokkiert, eingeschlossen.

MARIANNE: Wenn es in meinem Verhältnis zu dir nun so gewesen ist, kann *ich* denn etwas dafür? Glaubst du etwa, ich wäre nicht genauso verzweifelt gewesen wie du? Ich sagte mir: Muß es wirklich so jämmerlich sein? Muß es so um uns bestellt sein? Und dann beruhigten wir uns damit, daß das Sexuelle auf jeden Fall nur eine Nebensache ist und daß wir uns in jeder anderen Hinsicht gut verstanden. Welch ein Selbstbetrug, Johan. Nichts konnte mehr stimmen, als wir uns nicht mehr lieben konnten.

JOHAN: Du vergißt ein paar Dinge, über die in diesem Zusammenhang zu sprechen unangenehm sein könnte.

MARIANNE: Dann sei doch bitte so freundlich und klär mich auf.

JOHAN: Weißt du, was du die ganze Zeit gemacht hast? *Du hast dein Geschlechtsorgan ausgenutzt.* Es wurde zu einer Handelsware. Wenn ich an einem Tag mit dir schlafen durfte, so verstand es sich von selbst, daß ich dir am nächsten nicht damit kommen durfte. Wenn ich lieb und hilfsbereit gewesen war, wurde ich mit einer Nummer belohnt. Wenn ich weniger nett gewesen war oder gewagt hatte, in irgendeiner Form Kritik an dir zu üben, rächtest du dich durch Liebesentzug. Womit habe ich mich bloß abgefunden! Es ist vollkommen grotesk, wenn ich daran denke, wie du dich mir gegenüber benommen hast. Pfui Teufel. Du warst schlimmer als die übelste Nutte.

MARIANNE: Du wolltest aber der Wahrheit nicht ins Auge sehen.

JOHAN: Welcher verfluchten Wahrheit denn, wenn ich mal fragen darf? Ist das irgendeine Art Frauenwahrheit? Eine Wahrheit, die du dir hast patentieren lassen?

MARIANNE *(rasend)*: Du hast sie wohl nicht mehr alle! Ich glaube, du bist wirklich nicht mehr bei Verstand! Glaubst du etwa, du kannst auf mir herumtrampeln, wie es dir paßt? Hätte ich etwa immer Muttersatz für dich spielen sollen? All dieses verdammte Genörgel, daß ich die Wohnung vernachlässigte und meinen Beruf an die erste Stelle setzte.

JOHAN: Das ist wirklich nicht wahr.

MARIANNE: In den ersten Jahren unserer Ehe ist es nie anders gewesen, sowohl von deiner Seite wie von deinen Eltern, und meine Mutter haute in die gleiche Kerbe. Das einzige, was euch gelang, war, mir ein schlechtes Gewissen zu geben. Ich hatte ein schlechtes Gewissen bei der Arbeit und ein schlechtes Gewissen, wenn ich zu Hause war. Dann sollte ich noch ein schlechtes Gewissen haben, weil ich keine gute Geliebte war. Überall nichts als Unfreiheit und Forderungen an mich. Gezeter und Genörgel und Ansprüche – der Teufel soll dich holen! Wenn ich mich dann mit meinem Geschlechtsorgan rächte, wie du dich ausdrückst, war das etwa ein Wunder? Ich hatte eine massive Übermacht gegen mich: dich und Mutter und deine Eltern und diese ganze verdammte Gesellschaft. Nie durfte ich so, wie ich wollte. Immer stand dem etwas im Weg. Wenn ich daran denke, was ich ausgehalten habe und wovon ich endlich frei bin, möchte ich am liebsten schreien. Und ich sage dir: *Nie mehr, nie mehr, nie mehr, nie mehr.* Du sitzt da und beklagst dich, daß man dich überfahren und ausgetrickst hat. Das geschieht dir recht, es geschieht dir wirklich fabelhaft recht. Und ich wünsche dir, daß man's dir ein für allemal beibringt, daß du ein unfähiger Parasit bist.

JOHAN: Jetzt bist du vollkommen grotesk.

MARIANNE: Na, wennschon. Ich bin halt so geworden. Der Unterschied zwischen deiner und meiner Groteskerie, wie du das nennst, ist aber, daß ich mich nicht geschlagen gebe. Ich werde weiterkämpfen. Ich will in der Wirklichkeit leben und sie akzeptieren, wie sie ist. Es gibt nämlich etwas, was ich mehr als alles andere auf dieser Welt mag. Nämlich leben. Ich fühle mich wohl, wenn ich mich durch Schwierigkeiten hindurchkämpfen und Widerstände überwinden muß. Und ich bitte nicht um Rücksicht. Ich scheiße auf Formulierungen und Diplomatie.

JOHAN *(reißt die Scheidungsvereinbarung an sich)*: Wie schön, daß wir kein Mitleid mehr zu haben brauchen. Wie gut, daß wir unser schlechtes Gewissen auf den Müllhaufen werfen können. Wir werden allmählich richtig menschenähnlich. Der Fehler war also, daß wir uns überhaupt kennengelernt haben. Daß wir uns ineinander verliebten und uns entschlossen, zusammen zu leben. Was für ein glorreiches Fiasko von Anfang an. Also schön, dann heißt es nur noch, dieses Papier so schnell wie möglich zu unterschreiben, und dann teilen wir Tafelsilber und alte Hochzeitsgeschenke, und dann heißt es bloß noch adieu und ach, wie schade, daß von Anfang bis Ende alles falsch war.

MARIANNE: Ich habe keine Verantwortung für dich. Ich lebe mein eigenes Leben und bin fähig, mich um mich selbst und um die Kinder zu kümmern. Glaubst du denn, ich begreife nicht, was du hier den ganzen Abend lang hast sagen wollen: *Du willst nämlich keine Scheidung!*

JOHAN *(fühlt sich ertappt)*: Das ist das Dümmste, was ich je gehört habe.

MARIANNE: Wenn es wirklich so dumm ist, kannst du ja das Gegenteil beweisen, indem du hier und jetzt diese Papiere unterschreibst.

JOHAN: Aber gern.

MARIANNE: Johan! Sei doch mal ehrlich! Sieh mich an! Sieh mich an, Johan. Du bereust es? Du willst nicht, daß wir uns scheiden lassen, nicht wahr? Du hast dir gedacht, daß wir unsere Ehe wiederaufnehmen. Irgend etwas in dieser Richtung wolltest du mir heute abend vorschlagen. Gib zu, daß du dir das gedacht hast.

JOHAN: Und wenn ich nun irgendwelche Gedanken in dieser Richtung gehabt hätte, ist das etwa ein Verbrechen? Ich gebe mich geschlagen. Ist es *das*, was du hören willst? Ich habe Paula über. Ich sehne mich nach Hause. Ich weiß alles, Marianne. Du brauchst mir dieses Lächeln nicht zu zeigen. Ich bin gescheitert und mit mir geht's bergab und ich habe Angst und bin heimatlos. Es ist jetzt nicht der richtige Augenblick, um dich um die Erneuerung unserer Ehe zu bitten. Ich weiß, was du sagen willst. Aber du hast mich gefragt. Und ich will aufrichtig antworten. Ich war auf eine andere und tiefere Weise an dich gebunden, als mir selbst klar war. Ich war von all dem abhängig, was man Heim und Familie und geregeltes Leben und ruhigen Alltag nennt. Ich bin es leid, einsam zu leben.

MARIANNE: Einsam?

JOHAN: Die Einsamkeit mit Paula ist schlimmer als die

wirkliche Einsamkeit. Ich kann aber beides nicht mehr ertragen. Ich kann darüber nicht sprechen. Du weißt jetzt jedenfalls alles. *(Schweigen)*

MARIANNE *(nach einer Pause)*: Ich würde gern wissen, wie es sein würde.

JOHAN: Ich weiß, daß es besser werden würde, als es je gewesen ist. Ich weiß, daß wir uns viel mehr umeinander bemühen würden. Glaubst du nicht auch? *(Pause)* Glaubst du das nicht auch?

MARIANNE: Nach ein paar Wochen würden wir in unsere alten Verhaltensmuster zurückfallen, in unser altes Gezeter, unsere alten Aggressionen. Alle guten Vorsätze wären vergessen. Wir hätten nichts gelernt. Alles würde wie früher werden. Oder noch schlimmer. Es wäre ein schwerer Fehler.

JOHAN: Woher willst du das so genau wissen?

MARIANNE: Wie oft muß ich noch sagen, daß ich nichts für dich empfinde, nur noch Reste von Mitleid. *(Empört)* Ich will nicht, daß du mich bittest. Ich bin nicht sicher, ob ... Ich bin nicht sicher, ob ich es schaffen würde. Und das wäre wohl das Schlimmste, was passieren könnte.

JOHAN: Wir könnten es doch versuchen.

MARIANNE *(zornig)*: Erinnerst du dich noch daran, daß ich bettelte und bat und bettelte, du möchtest zurückkommen? Weißt du noch, wie ich mich demütigte und weinte und bat? Ich wurde eine Zeitlang sogar religiös und betete zu Gott, ich möge dich wiederbekommen. Erinnerst du dich noch an unsere Begegnungen und deine Ausflüchte und Halbwahrheiten, die deine totale Gleichgültigkeit nur noch deutlicher werden ließen?

JOHAN: Damals wußte ich es nicht besser, und das kannst du mir jetzt nicht vorwerfen.

MARIANNE *(zornig)*: Vorwerfen. Was für ein phantastisches Wort, Johan. Weißt du, was ich finde? Ich finde dich bis zum Schwachsinn naiv. Glaubst du etwa, ich habe dies alles durchgemacht, was ich in den letzten Jahren erlebt habe, und ein neues Leben auf der anderen Seite begonnen, um mich plötzlich um dich zu kümmern und darauf zu achten, daß du nicht in Schlappheit und Selbstmitleid untergehst? Wenn ich dich nicht für eine so klägliche Gestalt hielte, würde ich dich auslachen. Wenn ich daran denke, was du mir in den letzten Jahren angetan hast, werde ich beinahe krank vor Raserei. Ja, guck du nur. Ich halte diesen Blick ganz ausgezeichnet aus. Ich habe mich abgehärtet. Wenn du wüßtest, wie oft ich davon geträumt habe, dich umzubringen, dich zu ermorden, daß ich dir ein Messer in die Rippen jagte, dich mißhandelte. Wenn du wüßtest, was für ein verdammt schönes Gefühl es ist, dir endlich all das sagen zu können.

JOHAN *(lächelt plötzlich)*: Ich finde dich tatsächlich sehr hübsch, wenn du so wütend bist.

MARIANNE: Na, das ist aber nett. *(Gnädiger)* Aber *du* siehst nur komisch aus. Übrigens, du hast Lippenstift auf der Wange.

JOHAN: Wenn ich dich recht verstanden habe, würdest du es am liebsten sehen, daß die Scheidung ihren Lauf nimmt.

MARIANNE *(bricht beinahe in Gelächter aus)*: *Genau* so würde ich zusammenfassen, was ich bisher gesagt habe.

JOHAN: Möchtest du noch ein bißchen Cognac?

MARIANNE: Mein Gott, wir haben beinahe die ganze Flasche ausgetrunken. Es ist bestimmt kein Wunder, daß ich mich ein wenig gelöst und besonders fühle. Wie geht's dir selbst?

JOHAN: Och, danke. Ich habe das Gefühl, die Erkältung ist weg. Ich habe jedenfalls eine ganze Zeit nicht mehr gehustet.

MARIANNE *(trinkt)*: Um mal vernünftig zu reden ...

JOHAN: Also war das, was du vorhin gesagt hast, nicht vernünftig?

MARIANNE: Es war nicht vernünftig, aber wahr und notwendig, und das solltest du einsehen.

JOHAN: Ich sitze hier und sehe ein, soviel ich kann.

MARIANNE: Um also vernünftig zu reden. Um etwas Vernünftiges zu sagen: Du solltest froh sein, daß ich mich gelöst habe und mein eigenes Leben leben will. Ich finde, du solltest es genauso machen. Du solltest dich von dem, was gewesen ist, freimachen. Von allem. Und dann solltest du unter völlig anderen Bedingungen neu anfangen. Gerade jetzt, *in diesem Augenblick*, hast du eine fabelhafte Chance.

JOHAN: Willst du mir mal eine Frage beantworten?

MARIANNE: Jetzt bist du aber schrecklich pathetisch.

JOHAN: Wozu soll das eigentlich gut sein? Ich meine, völlig von vorn anzufangen, wie du sagst. Ich habe keine Lust dazu.

MARIANNE *(zögert)*: Was meinst du damit?

JOHAN: Nichts weiter als das, was ich heute abend schon drei- oder viermal gesagt habe, obwohl du dir nicht die Mühe gemacht hast, genau zuzuhören. Ich habe keine Lust, neu anzufangen, ich bin auf mein weiteres Leben nicht neugierig.

MARIANNE *(geschlagen)*: Das sagst du doch nur, weil du deprimiert bist und weil einiges danebengegangen ist. Du willst nur Mitleid.

JOHAN *(lächelt)*: Jetzt hast du den Kopf auf den Nagel getroffen, oder wie das heißt.

MARIANNE: Wenn ich daran denke, was für ein Mensch ich noch vor einem Jahr war, dann kommt mir dieser Mensch beinahe fremd vor. Als wir vorhin miteinander schliefen, hatte ich das Gefühl, es mit einem Fremden zu tun. Ist das nicht lustig? Es war übrigens wenig aufregend, wenn ich ehrlich sein soll. Wir werden eines Tages vielleicht sehr gute Freunde werden. Und dann werden wir einander allmählich als die Menschen kennenlernen, die wir *eigentlich* sind, und nicht mehr diese schrecklichen ...

JOHAN: Was für schrecklichen?

MARIANNE: Nun, ich meine, diese Masken.

JOHAN: Masken?

MARIANNE: Stell dir vor, wir könnten uns als die Menschen begegnen, die wir im Grunde hätten sein sollen. Und nicht als die Menschen, die nur versuchen, die Rollen zu spielen, die ihnen von verschiedenen Mächten auferlegt worden sind.

JOHAN: Ich halte das für unmöglich. Die Maskierung beginnt in der Wiege und geht das ganze Leben lang weiter. Kein Mensch auf der Welt kann sich selbst finden, wie du sagst.

MARIANNE: Das ist nicht wahr. Ich führe heute ein viel ehrlicheres Leben als je zuvor.

JOHAN: Und wie steht's mit dem Glück? Ist es glücklicher?

MARIANNE: Dieses ganze Gerede von Glück ist nur Quatsch. Mein höchstes Glück ist ein gutes Essen.

JOHAN *(schüttelt den Kopf)*: Ich bin nicht wie du.

MARIANNE *(nach einer langen Pause, plötzlich)*: Verstehst du nicht, daß diese Situation mich erschreckt? Ich bin

schrecklich versucht, die Hand auszustrecken und diese Scheidungsvereinbarung da zu zerreißen. Immer und immer wieder denke ich: Woher nehme ausgerechnet *ich* mir das Recht auf ein eigenes, selbstsüchtiges Leben? *Bilde ich mir wirklich ein,* ich hätte eine Aufgabe, die mit dir und den Kindern nichts zu tun hat? Wäre es nicht verlockend, gemeinsam mit dir einen neuen Anfang zu wagen? Ich bin jetzt viel stärker und selbständiger. Ich könnte dir wirklich eine Hilfe sein, wenn du es schwer hast. *(Schlägt die Hände vors Gesicht)* Ich empfinde soviel Zärtlichkeit für dich, Johan. *(Desperat)* Ich muß völlig verdreht sein. Ich weiß doch, daß wir uns scheiden lassen müssen. Alles spricht dafür, daß wir uns scheiden lassen. Es ist klug und vernünftig. *(Nimmt seine Hände)* Es ist unerträglich.

JOHAN *(sanft)*: Ich glaube, ich verstehe.

MARIANNE *(schüttelt den Kopf)*: Wir wollen nicht darüber sprechen.

JOHAN: Nein.

MARIANNE: Nun, was soll aus unserem Abendessen werden?

JOHAN: Ich bin zu betrunken, um noch irgendwohin zu gehen. Können wir nicht noch ein bißchen hier sitzen bleiben?

MARIANNE: Natürlich. Du darfst mich nur nicht sentimental machen.

JOHAN: Können wir nicht nach Hause fahren?

MARIANNE: Du meinst, zu mir nach Hause?

JOHAN: Selbstverständlich zu dir nach Hause.

MARIANNE *(schüttelt den Kopf)*: Nein.

JOHAN *(betrunken)*: Warum das denn nicht?

MARIANNE: Weil ich zu Hause einen Mann habe, der auf mich wartet und der es ziemlich übelnehmen wird, daß ich nach Cognac rieche und daß ich so spät nach Hause komme und daß die Papiere noch immer nicht unterschrieben sind.

JOHAN: Ist er vielleicht eifersüchtig?

MARIANNE: Nicht besonders. *(Lächelt)* Aber er kennt meine masochistische Veranlagung. Weißt du, was er sagte, bevor ich wegging? Er küßte mich, und dann sagte er: »Jetzt wirst du mit deinem Mann schlafen. Und dann wirst du vor lauter schlechtem Gewissen ganz vernichtet nach Hause kommen, und die Papiere werden auch nicht unterschrieben sein. Und du wirst mit mir Schluß machen.«

JOHAN: Wirst du ihm erzählen, daß wir miteinander geschlafen haben?

MARIANNE: Nein. *(Lächelt)* Nein, ich habe nicht die Absicht, ihm das zu erzählen.

JOHAN: Himmel, bin ich müde.

MARIANNE *(vernünftig)*: Wir haben zuviel getrunken. Wenn wir vernünftig sind, machen wir schnell einen Spaziergang an der frischen Luft, bevor wir zu unseren jeweiligen nach Hause fahren.

JOHAN: Eigentlich bist du ganz fabelhaft.

MARIANNE: Nein, ich habe nur eine unheilbare Leidenschaft für das Gesunde. Komm jetzt, mein Alterchen, laß uns gehen.

JOHAN: Und die Papiere?

MARIANNE: Als ich herkam, war ich fest entschlossen, unsere Scheidung um jeden Preis durchzudrücken. Irgendwie habe ich meine Meinung geändert.

JOHAN: Das ist aber großzügig.

MARIANNE: Nicht so, wie du glaubst.

JOHAN: Aha, wie denn?

MARIANNE: Vielleicht habe ich Pläne gehabt, wieder zu heiraten. Ich weiß es nicht sicher, glaube es aber. Mein Freund, der da zu Hause sitzt und jetzt gerade auf mich wartet, ist mir in jeder Hinsicht recht. Wir fühlen uns wohl miteinander, und die Mädchen mögen ihn. Er ist selbst seit vielen Jahren geschieden und schlug vor einiger Zeit vor, wir sollten heiraten. Na ja, ich kam schon in Versuchung. *(Pause)* Es ist so blöd mit diesen Papieren.

Sie sind im Grunde ohne jede Bedeutung. Nimm sie, Johan. Du kannst sie zerreißen, wenn du willst. Es ist mir vollkommen egal, ob ich nun deinen Namen trage oder meinen oder den eines anderen.

JOHAN: Mein Gott, was für ein Sermon.

MARIANNE: Du hast völlig recht. Wollen wir gehen?

JOHAN: Ich unterschreibe die Papiere gern.

MARIANNE: Mach, was du willst. Mir ist es gleich.

JOHAN: Geh nicht!

MARIANNE: Es ist spät. Kann ich ein Taxi bestellen?

JOHAN: Du mußt erst eine Null wählen, dann hast du eine Amtsleitung.

MARIANNE *(telefoniert)*: Guten Abend. Kann ich einen Wagen in die Malmrosgatan fünfundvierzig bekommen? Kommt sofort? Danke. *(Legt auf)* Willst du mit mir fahren? Es hat keinen Sinn, daß du deinen eigenen Wagen nimmst. Du hast zuviel getrunken.

JOHAN: Ich bleibe noch ein Weilchen hier.

MARIANNE: Tu's nicht, Johan. Komm jetzt bitte mit. Es tut dir gar nicht gut, wenn du hier allein sitzen bleibst und vor dich hinbrütest.

JOHAN: Das laß nur meine Sorge sein.

MARIANNE: Komm jetzt, Johan.

JOHAN: Ich finde, du solltest noch ein bißchen bleiben.

MARIANNE: Ich möchte aber nicht länger bleiben.

JOHAN: Bitte, geh nicht.

MARIANNE: Fang nicht so an, lieber Johan. Du bist nur müde und betrunken.

JOHAN: Du sollst nicht gehen!

MARIANNE: Laß mich vorbei!

JOHAN: Ich lasse dich nicht gehen.

MARIANNE: Mach dich nicht lächerlich!

JOHAN: Mach dich doch selbst nicht lächerlich.

MARIANNE: Solchen Blödsinn haben wir in unserer Ehe nun wirklich nie gemacht. Wir sollten uns das auch jetzt ersparen. Ich bitte dich, gib mir den Schlüssel.

JOHAN: Ich scheiße vollständig auf alles, was du jetzt vorbringst. Jetzt sehe ich, wie es in Mariannes perfekt durchgeplantem Schädel summt! Was mache ich jetzt nur? Ist er verrückt geworden? Will er mich vielleicht schlagen?

MARIANNE: Wenn du wissen willst, was ich denke, so finde ich dich nur wahnsinnig komisch.

JOHAN: Aha, komisch bin ich also? Warum lachst du dann nicht? Ich muß sagen, du siehst eher ängstlich aus.

MARIANNE: Laß mich zumindest anrufen und das Taxi abbestellen.

JOHAN: Warum das denn? Der Fahrer wartet zehn Minuten, und dann haut er ab. Setz dich jetzt hin. Immer mit der Ruhe. Das hier wird lange dauern, das verspreche ich dir.

MARIANNE: Also, bitte. Na, was hast du mir zu sagen?

JOHAN: Nichts. Ich will dich nur ansehen.

MARIANNE: Bitte sehr. *(Lächelt höhnisch)* Eigentlich ist dies genau das, was man von einem Kerl wie dir erwarten kann. Ich würde gern wissen, wie oft ich von Berufs wegen in Scheidung lebende Frauen davor gewarnt habe, mit ihren übervorteilten Ehemännern in einem Raum allein zu sein. Ich muß zugeben, daß ich nie für möglich gehalten hätte, einmal selbst in diese Lage zu kommen.

JOHAN: Halt die Schnauze!

MARIANNE: Glaubst du, ich habe Angst? *(Schüttelt den Kopf)* Wenn du's genau wissen willst: Mir ist vollkommen gleichgültig, was du jetzt unternimmst.

JOHAN: Halt die Schnauze, habe ich gesagt! *(Er schlägt sie)*

MARIANNE: Du bist wohl verrückt geworden. *(Schlägt zurück)*

Ein Handgemenge bricht los. Eine brutale, besinnungslose, haßerfüllte Schlägerei, die immer weitergeht, bis beide ihre Kräfte erschöpft haben. Beide bluten und sind rasend vor Wut, aber ermüdet. Sie sitzen in je einer Ecke des Raums und keuchen vor Erschöpfung.

MARIANNE: Du mußt mir den Schlüssel geben, damit ich auf die Toilette kann. Ich muß das Blut stillen.
JOHAN: Ich laß dich nicht raus.
MARIANNE: Her mit dem Schlüssel, du gottverdammtes widerliches Schwein. Du ekelhaftes, ekelhaftes Aas.

JOHAN *wirft sie auf den Fußboden und tritt voll Wut auf sie ein. Sie versucht, mit den Händen das Gesicht zu schützen.*

JOHAN: Ich könnte dich umbringen. *(Schreit)* Ich könnte dich umbringen! Ich könnte dich umbringen!

Dann ermüdet er. Sie liegt unbeweglich und zusammengekauert da. Es wird mit einemmal sehr still in dem weißen, kahlen Raum. Die Lampe leuchtet grell von der Zimmerdecke. Umgeworfene Möbel. Blutflecke auf dem Teppich. Die Schreibtischutensilien liegen überall im Zimmer verstreut. Schweigen.

JOHAN: Wie sieht's bei dir aus?
MARIANNE: Ich habe selbst schuld. Laß mich jetzt bitte raus.

JOHAN *schließt die Tür auf, und sie verschwindet in dem dunklen Korridor. Er setzt sich hin. Seine Hände zittern heftig, und er atmet immer wieder tief durch, als sei er dabei, in zu dünner Luft zu ersticken.*

JOHAN *(ruft):* Soll ich dir helfen?
MARIANNE *(von draußen)*: Nein, bleib bitte, wo du bist.

JOHAN *steht langsam auf und geht an den Schreibtisch. Sucht eine Weile. Findet die Scheidungspapiere und setzt seinen Namen auf Original und Kopien.* MARIANNE *betritt, notdürftig wiederhergestellt, das Zimmer. Sie setzt ihren*

Namen neben seinen. Dann faltet sie die Papiere zusammen und steckt sie in die Aktentasche; schließt die Tasche. Zieht sich die Handschuhe an.

MARIANNE: Ich sorge dafür, daß die Papiere so schnell wie möglich beim Gericht eingehen.

JOHAN: Danke, das ist nett.

MARIANNE: Also, tschüs dann.

JOHAN: Tschüs.

MARIANNE *(dreht sich in der Tür um)*: Wir hätten schon längst anfangen sollen, uns zu prügeln. Das wäre viel besser gewesen.

Sechste Szene

Mitten in der Nacht in einem dunklen Haus irgendwo in der Welt

Personen

MARIANNE
JOHAN
EVA
ARNE
MARIANNES MUTTER

Einige Jahre später. MARIANNE *stattet gerade ihrer Mutter einen Besuch ab.*

MARIANNE: Tag, Mamachen.
MUTTER: Hallo, Kleines.
MARIANNE: Was macht dein Fuß?
MUTTER: Danke, die Schmerzen sind weg. Ich fühle mich natürlich ein bißchen gehandicapt.
MARIANNE: Wann wirst du wieder arbeiten können? Was meint der Arzt?
MUTTER: Nicht vor der kommenden Woche.
MARIANNE: Dann mußt du dich also mit Geduld wappnen.
MUTTER: Ich sitze hier in meinem Stuhl und komme nicht von der Stelle.
MARIANNE: Kannst du nachts wenigstens ein bißchen schlafen?
MUTTER: Ich kann mich mit dem kaputten Fuß so schlecht im Bett umdrehen. Aber ich will mich nicht beklagen. Möchtest du eine Tasse Tee? Fräulein Alm hat das Tablett vor einer halben Stunde hingestellt. Ich habe also schon getrunken.
MARIANNE: Mamachen, es tut mir so schrecklich leid, daß ich mich verspätet habe, aber da war ein Mensch, den ich beinahe nicht mehr losgeworden wäre. Manchmal muß man sich die Zeit nehmen, zuzuhören.
MUTTER: Natürlich. Das verstehe ich sehr gut.
MARIANNE: Der Tee ist immer noch warm.
MUTTER: Soll ich dir eine Scheibe Brot toasten?
MARIANNE: Nein, danke.

MUTTER: Aber einen Keks mit Marmelade nimmst du doch wohl?

MARIANNE: Nein, danke. Ich nehme ab.

MUTTER: Du bist wohl nicht bei Trost.

MARIANNE: Und ich trimme mich. Jeden Morgen dreißig Minuten. Und dann spielen Henrik und ich zweimal in der Woche Tennis. Das tut gut, kann ich dir sagen.

MUTTER: Ach, übrigens, ich wollte dich etwas fragen: Kommst du mit zur Beerdigung?

MARIANNE: Wann soll sie sein?

MUTTER: Wir haben gedacht, am achtzehnten.

MARIANNE: Warte mal, ich sehe mal nach. *(Sieht in ihren Taschenkalender)* Das wird ziemlich schwierig. Ich habe frühmorgens eine Verhandlung vor Gericht, und die wird sich hinziehen. Soll Papa in Uppsala beigesetzt werden?

MUTTER: Er wollte es. Deine anderen Geschwister kommen.

MARIANNE: Liebe Mama, die Beerdigung ist nur eine Formalität. Du kannst nicht von mir verlangen, daß ich deswegen meine Arbeit schwänze.

MUTTER: Das ist Ansichtssache.

MARIANNE: Können wir denn nicht einen anderen Tag nehmen?

MUTTER: Alle anderen können es einrichten. Und wie du weißt, war der achtzehnte April unser Hochzeitstag. Wir haben vor neununddreißig Jahren am achtzehnten April geheiratet. Das hast du vielleicht vergessen.

MARIANNE: Wird es jetzt nicht unnötig empfindlich?

MUTTER: Nicht für mich.

MARIANNE: Wie dem auch sei: Ich kann nicht kommen.

MUTTER: Dann verlassen wir dieses Thema.

MARIANNE: Ich soll dich von Karin und Eva grüßen. Sie haben mir versprochen, daß sie morgen nach der Schule bei dir hereinschauen.

MUTTER *(lebt auf)*: Das ist aber nett. Stell dir vor: Eva kam vorgestern mit ihrem Freund her. Sie hatte ein

Kleid an und war eine richtige kleine Dame. Ihr Freund sieht auch sehr nett aus. Sie haben eine volle Stunde hiergesessen und sich mit mir unterhalten. Mit Karin habe ich es schwerer. Aber sie ist auch wie ein Ebenbild ihres Großvaters.

MARIANNE: Armer Papa.

MUTTER: Ich wollte damit nichts Unvorteilhaftes über deinen Vater sagen. Besonders jetzt nicht, wo er nicht mehr da ist.

MARIANNE: Das habe ich auch nicht angenommen.

MUTTER: Ich habe manchmal über unsere Ehe nachgedacht. Gerade jetzt, wo ich hier mit meinem kranken Fuß herumsaß und Zeit zum Nachdenken hatte.

MARIANNE: Und was ist dabei herausgekommen?

MUTTER: Eigentlich nichts. Und das ist es, was mich erstaunt.

MARIANNE: Wie meinst du das?

MUTTER: Wir hatten ein gutes Leben. Manchmal waren wir uns nicht grün, das ist wahr, aber wir stritten uns nicht. Wir ließen uns nicht dazu herab, einander zu demütigen und zu beleidigen. Sondern wir schwiegen. Das war auch am besten so. Allmählich wich die Feindseligkeit, und wir vergaßen unsere Mißhelligkeiten. Wir waren nicht nachtragend, weder Fredrik noch ich. *(Pause)*

MARIANNE: Ja.

MUTTER: Natürlich vermisse ich ihn. Er fehlt mir. Aber dennoch fühle ich mich nicht einsamer als zu der Zeit, als er noch lebte.

MARIANNE: Es tut mir leid, das zu hören.

MUTTER: Warum denn? Wir hatten beide vollauf zu tun, er mit seinen Dingen, ich mit meinen.

MARIANNE: Darf ich dich etwas fragen, Mama?

MUTTER: Du darfst mich fragen, was du willst.

MARIANNE: Aber du sollst nicht denken, daß ich taktlos bin.

MUTTER: Ich finde nicht, daß du taktlos bist.

MARIANNE: Wie hattet ihr's im Bett, du und Papa?

MUTTER *(Pause)*: Papa war mehr interessiert als ich.

MARIANNE: Naa?

MUTTER *(irritiert)*: Was willst du denn noch wissen? Er bediente sich. Und ich ließ ihn gewähren. Ich habe mich nie entzogen. Ich fand, es war meine Schuldigkeit, mich zur Verfügung zu stellen. Übrigens hatte er andere Frauen. Manchmal war es ziemlich widerwärtig.

MARIANNE: Und du?

MUTTER: Ich?

MARIANNE: Hattest du andere Männer?

MUTTER: Nachdem Fredrik und ich uns verlobt hatten, verliebte ich mich in einen anderen Mann und wollte unsere Verlobung lösen. Aber meine Eltern meinten, ich sollte nichts übereilen. Und so kam es, wie es gekommen ist.

MARIANNE: Hast du Papa nie gehaßt?

MUTTER: Was meinst du damit, daß ich ihn gehaßt haben könnte?

MARIANNE: Bei eurer Heirat habt ihr also einen Vertrag unterschrieben, der ganz und gar auf seinen Vorteil zugeschnitten war. Hast du ihn wegen dieser Transaktion nie gehaßt?

MUTTER: Ich mochte ihn gern. Außerdem waren wir blind wie neugeborene Katzen. Keiner von uns begriff, worauf er sich einließ. Weder er noch ich.

MARIANNE: Aber Mama, das ist doch nicht möglich.

MUTTER: Er hatte seine Eigenheiten. Die hatte ich auch. *(Pause)* Nein, das ist es nicht.

MARIANNE: Was ist es dann?

MUTTER: Ich frage mich, wie es wohl geworden wäre, wenn wir uns einander anvertraut hätten. Wenn wir über alles miteinander gesprochen hätten, was uns bewegte.

MARIANNE: Und das habt ihr nicht getan?

MUTTER: Nein, wir hatten einen Grundsatz, den unsere

Eltern uns beigebracht hatten: *Jeder sieht zu, daß er mit seinen eigenen Sorgen fertig wird.*

MARIANNE: Bereust du, daß es so wurde?

MUTTER: Bereuen kann man nicht direkt sagen. Das kann ich nicht sagen. Aber ich kann es nicht sein lassen, an unser heroisches Schweigen zu denken. Ich glaube sogar, daß es Papa ziemlich quälte. Er war ein so lebhafter Mensch. Viel fröhlicher und offener als ich.

MARIANNE *(gerührt)*: Machst du dir Vorwürfe, Mama?

MUTTER: Ich weiß nicht. Aber schrecklich ist es schon. Nein, nicht schrecklich, das ist ein viel zu dramatisches Wort. Aber seltsam ist es schon, daß zwei Menschen ein ganzes Leben lang zusammen leben, ohne daß ...

MARIANNE: Ohne sich zu berühren.

MUTTER: Vielleicht ist es das, was ich meine.

MARIANNE: Und jetzt findest du, daß es dein Fehler war?

MUTTER: Du meinst, ich sollte jetzt mit einem schlechten Gewissen dasitzen? O nein, so ist es nicht. Wir haben bestimmt getan, was in unserer Macht stand. Aber trotzdem ...

MARIANNE: Kommst du nicht davon los, daran zu denken, daß ...

MUTTER: Es klingt so gekünstelt, wenn man es in Worte fassen will: Er ist ins Dunkel verschwunden und hat sein Leben mit sich genommen. Aber das Seltsame ist, daß er auch mein Leben genommen hat. *(Lächelt)* Dies ist es, was man der Wahrheit ins Auge sehen nennt. Nicht wahr?

MARIANNE *(ergriffen)*: So haben wir beide ja noch nie miteinander gesprochen.

MUTTER: Wir hatten nie Zeit dazu.

MARIANNE: Und Lust auch nicht.

MUTTER: Ich hatte immer ein bißchen Angst vor dir.

MARIANNE *(lächelnd)*: Angst? Vor mir?

MUTTER: Du bist immer so tüchtig und fähig gewesen.

MARIANNE: Du selbst doch auch.

MUTTER *(schüttelt den Kopf)*: Wenn du wüßtest, was für eine Angst ich immer hatte, ich könnte nicht alles perfekt machen.

MARIANNE *(gerührt)*: Aber du *bist* doch perfekt.

MUTTER: Manchmal bin ich sieben Jahre alt, und mein Papa geht mit mir in den Wald, und wir halten uns bei der Hand. Ich bin dabei, alt und sentimental zu werden, das ist es. Das ist die Wahrheit.

MARIANNE: Darf ich dich noch etwas anderes fragen?

MUTTER *(lächelt)*: Das läßt sich wohl kaum vermeiden.

MARIANNE: Warum warst du so wütend auf mich, als Johan und ich uns vor fünf Jahren scheiden ließen? Schließlich war er es, der sich eine andere Frau zulegte und mich verließ.

MUTTER: Ich war überhaupt nicht wütend. Ich war nur traurig.

MARIANNE: Aber du hast mich ständig kritisiert.

MUTTER: Das weiß ich gar nicht mehr.

MARIANNE: Es war alles meine Schuld.

MUTTER: Sagte ich das?

MARIANNE: Ja, das hast du gesagt.

MUTTER: Das habe ich vergessen.

MARIANNE: Ich fand damals, du hättest dich ruhig auf meine Seite schlagen können. Und mir ein bißchen helfen. Aber das hast du nicht getan. Ich möchte gern wissen, warum.

MUTTER: Ich habe es genau umgekehrt in Erinnerung. Ich weiß noch, daß ich zu Papa sagte, wir dürften uns auf gar keinen Fall einmischen, und wir sollten um jeden Preis alles wie gewöhnlich erscheinen lassen. Es war Papa, der rasend war, nicht ich.

MARIANNE *(lächelnd)*: Da sieht man's wieder. *(Sieht auf die Uhr)* Um Himmels willen, ich muß jetzt gehen. Ich komme sowieso zu spät.

MUTTER: Mußt du wirklich schon gehen?

MARIANNE: Ich komme morgen wieder. Dann können wir weiterreden. Ich komme so gegen fünf.

MUTTER: Wir könnten zusammen essen gehen.

MARIANNE: Ich bin leider schon eingeladen. Aber ich kann bis halb sieben bleiben.

MUTTER: Kannst du nicht dein Kleid mitnehmen? Dann brauchst du nicht mehr nach Hause zu fahren und dich umzuziehen.

MARIANNE: Doch, das ließe sich machen.

MUTTER *(plötzlich)*: Es war sehr schön, mit dir zu reden.

MARIANNE *(schon unterwegs)*: Und das sollten wir fortsetzen, finde ich.

MUTTER: Kannst du nicht schnell noch in die Küche gehen und Fräulein Alm begrüßen? Sie wird schrecklich sauer, wenn sie hört, daß du hiergewesen bist und nicht guten Tag gesagt hast.

MARIANNE: Lieber Himmel. Natürlich. Ich werde schnell mal zu ihr gehen. Also tschüs, Mama, und sieh zu, daß du gesund wirst.

MUTTER: Grüß Henrik und die Kinder.

MARIANNE: Henrik ist verreist und kommt erst Sonnabend wieder. Tschüs.

JOHAN *sitzt in seinem Arbeitszimmer im Institut und schreibt auf der Maschine. Er ist neuerdings glattrasiert und trägt eine Brille.* EVA, *eine schöne Frau um die Vierzig, steckt den Kopf ins Zimmer.*

EVA: Störe ich?

JOHAN: Aber gern.

EVA: Habt ihr heute abend was vor, du und deine Frau?

JOHAN: Wir sind leider schon besetzt.

EVA *(lächelt)*: Wie schade.

JOHAN: Wirklich?

EVA: Ich gebe nämlich eine kleine Party, und da habe ich

mir gedacht, daß du vielleicht mit deiner Frau kommen könntest, wenn ihr nichts Lustigeres vorhabt. Wir werden nur sieben oder acht Leute sein.

JOHAN: Leider ist es unmöglich.

EVA *(lächelnd)*: Schönes Wochenende, jedenfalls.

JOHAN: Danke, gleichfalls.

EVA: Können wir uns nicht mal sehen?

JOHAN: Ich habe keine Zeit.

EVA: Hast du mich über?

JOHAN: Liebe Eva!

EVA: Wenn du willst, daß Schluß sein soll, dann sag's doch und mach nicht dauernd Ausflüchte.

JOHAN: Also gut, dann sagen wir, daß es zu Ende ist.

EVA: Wie schön, einen Bescheid zu kriegen. Das saß tief drinnen.

JOHAN: Ich wollte dich nicht verletzen.

EVA *(lacht auf)*: Nein, das ist es ja gerade.

JOHAN: Wenn du mich entschuldigen willst: Ich muß dieses verdammte Gutachten zu Ende bringen.

EVA *(munter)*: Aber klar, lieber Johan, ich will dich nicht länger stören. Ich danke dir für diese Zeit. Du warst ein richtig süßer Liebhaber, nur manchmal ein bißchen zerstreut.

JOHAN *(lächelt)*: Ich danke auch. Du kriegst auch die allerbesten Zeugnisse.

EVA: Ist es eine andere?

JOHAN: Ehrlich gesagt, es ist eine andere.

EVA: Wer denn?

JOHAN: Das sage ich nicht.

EVA: Ist es jemand, den ich kenne?

JOHAN: Sehr gut möglich.

EVA: Ist es Lena?

JOHAN: Jetzt sage ich nichts mehr.

EVA: Dann ist es Lena.

JOHAN: Lena ist es ganz bestimmt nicht.

EVA: Wie du willst. Sie ist hübsch, die Kleine. Aber ist sie nicht ein bißchen zu jung und zu locker für dich, mein Alterchen?

JOHAN: Lena ist es, wie gesagt, nicht.

EVA: Es ist übrigens auch egal. Also hej, Liebling.

JOHAN: Hej, und laß es dir gutgehen.

EVA *geht und schließt die Tür.*

ARNE *schaut herein. Er ist ein bißchen dicklich, aber jugendlich.*

ARNE: Hallo.

JOHAN: Hallo.

ARNE: Schönes Wochenende.

JOHAN: Danke, gleichfalls.

ARNE: Diese langen Wochenenden mit der Familie sind beschissen. Ich habe gehört, daß die Kommission dich auf eine Untersuchung angesetzt hat. Ich weiß nicht, ob ich gratulieren soll.

JOHAN: Dazu besteht kein Grund.

ARNE: Das hätte ich mir denken können.

JOHAN: Ich werde praktisch für zwei Jahre vom Institut abgeschnitten.

ARNE: Wie traurig. Für dich.

JOHAN: Es ist übrigens eine idiotische Untersuchung. In zwei Jahren, wenn sie fertig ist, wird sie wertlos sein. Sie ist nichts anderes als ein politisches Ablenkungsmanöver.

ARNE: Kannst du nicht zu Hammarberg gehen und dich bedanken?

JOHAN: Das habe ich schon getan.

ARNE: Und?

JOHAN: Er ist ein Clown. Clown Nummer eins der schwedischen Beamtenschaft. Ehe wir's uns versehen, sitzt der in der Regierung.

ARNE: Schön, aber was hat er gesagt?

JOHAN: Es war ein verschlüsselter Text, den ich nach besten

Kräften selbst deuten mußte. Er war nicht besonders aufmunternd.

ARNE: Aha. Also, ich gehe. Hast du mit Lena geschlafen?

JOHAN: Nein, ehrlich gesagt, das habe ich nicht.

ARNE: Aber du bist geil auf sie, nicht wahr?

JOHAN: Und wie steht's mit dir?

ARNE: Schon, schon.

JOHAN: Ich glaube, ich würde es nicht wagen.

ARNE: Hast du resigniert?

JOHAN: Nenn es, wie du willst.

ARNE: Ich halte mich jedenfalls in Form. Trimme mich, spiele Tennis. Schwimme. Nehme Höhensonne. Achte auf mein Gewicht. Damit ich nicht dastehen und mich schämen muß. Wenn es zu einer näheren Präsentation kommen sollte, meine ich. Der nackten Tatsachen. Also tschüs.

JOHAN: Tschüs.

ARNE *geht und schließt die Tür. Im Korridor sind hastige Schritte zu hören.* EVA *reißt die Tür auf.*

EVA: Ich wurde irgendwie wahnsinnig wütend.

JOHAN: Das sehe ich.

EVA: Ich finde dich einen großen Miesling. Nicht, weil du dir aus mir nichts machst. Ich beklage mich nicht. Es hat Spaß gemacht, solange es dauerte, und wir wußten beide, daß es nicht fürs ganze Leben war. Aber ich finde, du bist eine Flasche, weil du nicht damit herausgerückt bist, daß du jetzt nicht mehr magst. Weißt du, was mit dir nicht stimmt? Du bist so verdammt verwöhnt und hochnäsig und prätentiös, daß alles dich anödet. Schließlich langweilst du dich so, daß du allmählich anonym wirst. In ein paar Jahren wirst du mit dem Bücherregal da verschmelzen. Du bist prätentiös und hochnäsig und verwöhnt. Du bist lebensfaul. Du brauchst andere, die für dich leben. Erinnerst du dich noch, als du zur Generaluntersuchung warst und festgestellt wurde, daß du ein paar Zentimeter geschrumpft warst? Das ist es. *(Setzt sich)*

JOHAN *(Echo)*: Das ist es.

EVA *(versöhnlicher)*: Warum kämpfst du nicht dagegen an? Warum machst du keinen Höllenkrach? Warum gibst du dich so demütig, obwohl du doch der Hochmut in Person bist?

JOHAN: Das ist wirklich außerordentlich interessant.

EVA: Die Erklärung ist, daß du so hochmütig bist, daß ... Du bist so verwöhnt und prätentiös, daß ...

JOHAN: Ja, was denn eigentlich?

EVA: Ich mag dich doch, du Dummkopf. Darum schimpfe ich mit dir. Und außerdem finde ich, daß es irgendwie schade um dich ist.

JOHAN: Danke für die Blumen.

EVA: Hej. Sag mir Bescheid, wenn du Lenas knackige Jungmädchenbrüste satt hast und dich nach meinen platteren, aber bedeutend mütterlicheren Formen sehnst.

JOHAN *(seufzt)*: Es ist nicht Lena.

EVA: Sie ist übrigens eine tüchtige Sekretärin. Und sicher sehr lieb. Aber sie ist zu jung für dich, Johan. Du wirst dir bei ihr nur die Finger verbrennen.

JOHAN: Es ist wirklich nicht Lena.

EVA: Ich habe meine Intuition.

JOHAN: Ja, die hast du allerdings.

EVA: Und ich merke schon, daß du scheußlich engagiert bist.

JOHAN: Vielleicht.

EVA: Und es kann keine andere sein als Lena. Hej.

JOHAN: Hej.

EVA *geht und macht die Tür hinter sich zu.* JOHAN *arbeitet. Das Telefon klingelt. Er nimmt den Hörer ab.*

JOHAN: Hallo. Hej! Bist du jetzt fertig? Dann komme ich und hole dich ab. Ah, da nicht. Aber an der Ecke Karlavägen–Grev Turegatan? Paßt dir das besser? Ich bin in zwei Minuten da. Fein. Hej!

JOHAN *hat an der Straßenecke geparkt, sitzt tief in den Fahrersitz versunken und wartet. Nach einigen Minuten kommt* MARIANNE *auf dem gegenüberliegenden Bürgersteig näher. Als sie ihn entdeckt, leuchtet ihr Gesicht auf, und sie fängt an zu laufen. Sie setzt sich neben ihn, atemlos und lächelnd. Dann küßt sie ihn rasch auf den Mund.* JOHAN *startet den Wagen.*

MARIANNE: Hast du gewartet?

JOHAN: Nein, ich bin gerade erst angekommen.

MARIANNE: Ich war zu Hause bei Mama, mußt du wissen.

JOHAN: Ich verstehe. Wie geht's dem Tantchen?

MARIANNE: Ich glaube, daß . . . Ach, das erzähle ich später.

JOHAN: Dann fahren wir erst mal los.

MARIANNE: Ich finde es so herrlich. Es ist nicht zu glauben. Ich war gestern draußen im Sommerhaus und habe aufgeräumt. Habe die Heizung angestellt und den Kühlschrank angeschlossen und saubergemacht und Lebensmittel eingekauft. Es war wie in guten alten Zeiten.

JOHAN: Warte mal, wie viele Jahre ist es her, seit ich das letztemal dort war?

MARIANNE: Sieben Jahre, glaube ich.

JOHAN: Und du selbst?

MARIANNE: Tja, weißt du, Henrik ist von dem Haus nicht so begeistert. Er mag das Binnenland lieber. Also, um die Wahrheit zu sagen: Wir vermieten es meist. Es kommt vor, daß die Mädchen und ich mal für ein Wochenende rausfahren, aber das geschieht immer seltener. Eva und Karin führen heute schon ihr eigenes Leben. Es ist am besten so.

JOHAN: Und wie geht's deinem Mann?

MARIANNE: Er ist natürlich überanstrengt. Und hat hohen Blutdruck, aber das hat ja jeder. Wie steht's mit deiner Frau?

JOHAN: Ich glaube, es geht ihr gut. Sie ist in Italien und ruht sich ein bißchen aus.

MARIANNE: Ich finde es phantastisch, daß unsere jeweiligen Ehehälften gleichzeitig verreist sind.

JOHAN: Ich finde es beinahe ein bißchen unanständig.

MARIANNE: Es ist ja gerade das, was mir solchen Spaß macht, verstehst du.

Sie kommen beim Sommerhaus an. Es hat sich kaum etwas verändert. MARIANNE *schließt auf. Sie betreten das Haus.*

JOHAN: Es sieht so ziemlich wie früher aus.

MARIANNE: Nur ein bißchen verwohnt. Wir müßten ein paar Reparaturen machen lassen. Im Augenblick können wir uns die aber nicht leisten, also bleibt alles beim alten.

JOHAN: Wie fühlst du dich?

MARIANNE *(ausweichend)*: Ich will's gar nicht rauskriegen. Es ist am besten so. Du solltest vielleicht erst den Wagen in die Garage fahren, damit Gustav nicht sieht, daß wir hier sind. Sonst kommt er sofort an und will guten Tag sagen. Und wenn er dich sieht, geht der Vorhang runter.

JOHAN: Ich fahre den Wagen später rein. Jetzt gehen wir ins Schlafzimmer.

MARIANNE *(lächelt)*: Ich bin wirklich nicht zu retten. Aber ich bin tatsächlich so nervös, als wäre es das erste Mal.

JOHAN: Das ist es aber tatsächlich nicht.

Sie legen sich auf das große Doppelbett und halten sich bei der Hand. Zunächst still.

MARIANNE: Woran denkst du?

JOHAN: Ich überlege, ob du mich verführt hast oder ob ich dich verführt habe.

MARIANNE: Weißt du, daß es beinahe genau ein Jahr her ist? Doch, fast auf den Tag. Achter Mai, der Tag vor meinem Geburtstag. Ganz genau. Und heute ist der achtundzwanzigste April.

JOHAN: Du bist es gewesen, die mich verführt hat.

MARIANNE: Ja, denk mal, so war's.

JOHAN: Bist du je wieder im Theater gewesen, um den zweiten Akt dieses Stücks zu sehen?

MARIANNE: Nein. Es muß seltsam ausgesehen haben, als wir uns mitten im Zwischenakt wie zwei Verbrecher davonstahlen.

JOHAN: Was hat dich eigentlich dazu gebracht, dich zu entscheiden?

MARIANNE: Ich weiß nicht. Ich war kaum im Theater, als ich dich ganz allein dort sitzen sah. Es war überhaupt alles so einsam. Es war also ziemlich natürlich, daß ich mich im Zwischenakt auf dich stürzte.

JOHAN: Ich habe mich unglaublich darüber gefreut.

MARIANNE: Und ich habe mich gefreut, weil du dich gefreut hast.

JOHAN: Und du hast beinahe sofort gesagt, komm, laß uns zu mir nach Hause abhauen. Mein Mann ist verreist und kommt erst am Freitag wieder.

MARIANNE: Du wurdest rot.

JOHAN: Darauf kannst du Gift nehmen. Ich kriegte einen solchen Ständer, daß ich mich kaum aufrecht halten konnte.

MARIANNE *(lächelt)*: Mir ging's ähnlich. Ich wurde wahnsinnig erregt.

JOHAN: Wir hatten uns zwei Jahre kaum gesehen.

MARIANNE: Zwei Jahre. Stimmt genau.

JOHAN: Und jetzt feiern wir einjähriges Jubiläum.

MARIANNE: Nein.

JOHAN: Was meinst du?

MARIANNE: Wir feiern zwanzigjähriges Jubiläum. Wir haben vor zwanzig Jahren im August geheiratet.

JOHAN: Es stimmt tatsächlich. Du hast recht. Zwanzig Jahre.

MARIANNE: Ein ganzes Leben. Ein ganzes Erwachsenenleben haben wir miteinander gelebt. Es ist so merkwürdig, daran zu denken. *(Weint plötzlich)*

JOHAN *(sanft)*: Liebste, Liebste.

MARIANNE: Aber Johan. Ist es nicht komisch? Ich meine, daß wir wieder in diesem verflixten ollen Bett sitzen. Im letzten Jahr, als wir unsere Hotelzimmer hatten, war es anders. Da war's so durchwachsen, etwas unpersönlich. Aber jetzt . . .

JOHAN *(lieb)*: Es ist vielleicht dumm gewesen, daß wir hergefahren sind. Wir hätten vielleicht lieber nach Dänemark fahren sollen, wie ich ursprünglich vorgeschlagen habe.

MARIANNE: Ach was! Dazu hatten wir nicht die Zeit. Und dies finde ich ganz ausgezeichnet.

JOHAN: Nein, es ist überhaupt nicht ausgezeichnet. Weißt du, was ich tun werde?

MARIANNE: Doch, ich werde mich sicher gleich daran gewöhnen.

JOHAN: Ich werde Fredrik anrufen. Er hat doch hier in der Nähe ein kleines Haus direkt unten am Meer. Das weißt du doch.

MARIANNE: Wie sollen wir denn da reinkommen?

JOHAN: Ich bin überzeugt, daß irgendein Nachbar den Schlüssel hat. Jetzt rufe ich jedenfalls an.

MARIANNE: Nein, das hat keinen Sinn.

JOHAN: Der Versuch kostet doch nichts. *(Blättert im Telefonbuch, wählt eine Nummer)*
Hallo, Fredrik. Hier Johan. Wie geht's? *(Pause)* Ja, außerordentlich. *(Räuspert sich)* Ja, verstehst du, dies ist ein wenig delikat, mußt du wissen. Bist du allein? Ich meine, können wir ungestört sprechen? Ich möchte dich fragen, ob ich übers Wochenende den Schlüssel zu deinem Fischerhäuschen leihen kann? *(Pause)* Hahaha. Sehr

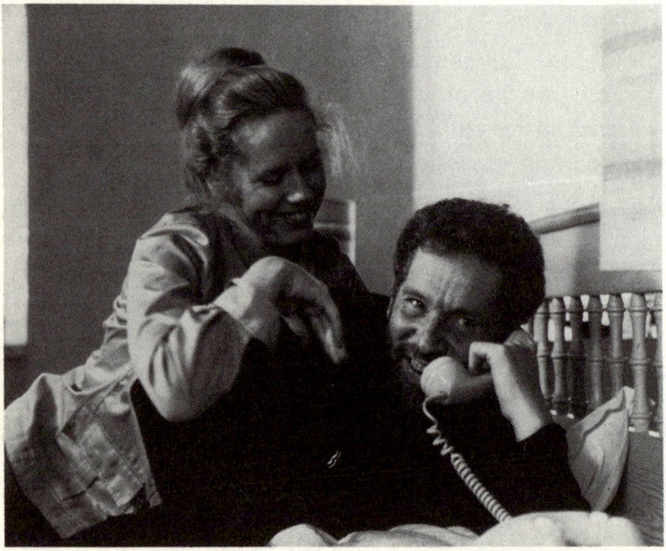

süß, kann ich dir sagen. Jung? Ja, Teufel noch mal, vielleicht ein bißchen reichlich jung. Hahaha. Du, das ist eine kitzlige Sache. Das verstehst du doch. Ich danke dir, mein Lieber. Ich revanchiere mich irgendwann einmal. Du! Kein Wort zu Birgit, ist das klar? Sie hat kein Verständnis für so was. Hahaha. Na ja, du weißt, die Frauen. Der Schlüssel liegt also unter der Steintreppe. *(Pause)* Doch, gut. Was? Blond! Dufte Figur. Das sage ich nicht. Doch nicht so am Telefon, Mensch. Wir können mal zusammen essen gehen, nicht wahr? Ich rufe dich an. Hör mal, vergiß nicht, Birgit zu grüßen. Ach nein, übrigens, tu's lieber nicht.

MARIANNE *und* JOHAN *kichern und lachen.*

MARIANNE *hat eine kleine Tasche mit Nachtwäsche usw. hervorgeholt sowie eine Tragetasche mit Lebensmitteln.*

JOHAN: Jetzt hauen wir ab. Was ist das denn für eine blöde Tüte?

MARIANNE: Das sind nur die Lebensmittel, die wir mitnehmen müssen, du Dummerchen.

Sie fahren los. Kommen beim Fischerhäuschen an, das sich in einem miserablen Zustand befindet. Sie räumen auf. JOHAN *versucht im Kamin Feuer anzumachen.* MARIANNE *stellt sich neben ihn. Sie wird gerührt, bekommt Tränen in die Augen.* JOHAN *dreht sich um.*

JOHAN: Was ist los? Warum weinst du?

MARIANNE: Es ist nur so rührend. Ich bin nicht mehr ganz bei mir.

JOHAN: Ich bin rührend? Das ist aber 'n Ding.

MARIANNE: Ja, das bist du. Kleiner, liebster Johan. Du bist irgendwie so klein geworden.

JOHAN *(verlegen)*: Findest du auch, daß ich geschrumpft bin?

MARIANNE: Du bist jetzt viel hübscher, als du je gewesen bist. Und dann siehst du so weich und lieb aus. Früher hattest du immer ein so gespanntes Gesicht, als wärst du auf der Hut und hättest Angst.

JOHAN: Meinst du wirklich?

MARIANNE: Sind die Menschen böse zu dir?

JOHAN *(lächelt)*: Das weiß ich gar nicht. Ich glaube vielleicht, daß ich aufgehört habe, mich zu verteidigen. Irgend jemand hat mal gesagt, ich sei schlapp und nachgiebig geworden. Daß ich mich sozusagen selbst verkleinert hätte. Das stimmt aber nicht. Ich glaube vielmehr, daß ich jetzt meine richtigen Proportionen gefunden habe. Und daß ich mit einer gewissen Demut meine Grenzen akzeptiert habe. Das macht mich freundlich und ein bißchen traurig.

MARIANNE *(zärtlich)*: Und du hattest so große Erwartungen?

JOHAN: Nein, das stimmt nicht. Es war *mein Vater,* der große Erwartungen hatte, nicht ich. Aber ich wünschte mir so grenzenlos, Papa zu Willen zu sein. Und dann versuchte ich immerzu, seine Erwartungen einzulösen. Nicht meine. Als ich noch ein Kind war, hatte ich sehr bescheidene und angenehme Vorstellungen von dem, was ich einmal unternehmen würde, wenn ich erwachsen wäre.

MARIANNE *(lächelt)*: Und was hast du dir vorgestellt?

JOHAN: Habe ich das nie erzählt?

MARIANNE: Wenn ja, habe ich es vergessen.

JOHAN: Ja, das ist klar. *(Pause)* Ja, hör mal. Ich hatte einen alten Onkel, den Bruder meiner Mutter. Er hatte in Sigtuna einen kleinen Laden, Buch-, Spielzeug- und Papierhandel. Ich durfte oft hinfahren und ihn besuchen, weil ich ein kränkliches Kind war und viel Stille und frische Luft brauchte. Manchmal durfte ich ihm und Tante Emma im Geschäft helfen. Das war das Schönste, was ich mir vorstellen konnte. Mein Traum war, einmal ein solches Geschäft zu besitzen. Da hast du meine Ambitionen.

MARIANNE: Wir hätten einen solchen Laden haben sollen. Das ist doch klar. *(Lächelt)* Was wäre es uns gutgegangen. Wie hätten wir uns wohl gefühlt. Wir wären dick und rund und geborgen gewesen und hätten viele Kinder gekriegt und gut geschlafen und wären ehrbare Bürger gewesen. Wir wären in irgendeinem Verein gewesen und hätten nie Streit miteinander gehabt.

JOHAN: Es ist sehr lustig, über all das zu sprechen, was nie etwas geworden ist. Du wärst jedenfalls in irgendeinem Kaff auf dem Land niemals zurechtgekommen.

MARIANNE: Nein, das stimmt schon. *(Ernst)* Ich träumte früher davon, ein Sprecher der Unterdrückten zu werden. Es gab keine Grenzen für meinen Ehrgeiz. Und dann wurde ich Scheidungsanwältin. Nein, jetzt räumen wir auf.

MARIANNE *und* JOHAN *sitzen am Tisch. Sie haben gegessen. Sie trinken Wein. Über dem Tisch leuchtet eine Laterne.*

MARIANNE: Du siehst so nachdenklich aus.

JOHAN: Ja, es überfällt mich plötzlich, daß wir beide angefangen haben, einander die Wahrheit zu sagen.

MARIANNE: Haben wir das denn nicht auch schon früher getan? Nein, das kann man nicht sagen. Aber warum haben wir's nicht getan? Es ist doch eigenartig. Warum sprechen wir jetzt alles aus? Ich weiß. Weil wir jetzt nämlich keine Anforderungen aneinander stellen.

JOHAN: Wir haben keine Geheimnisse voreinander.

MARIANNE: Nichts zu beobachten. Kein Mißtrauen.

JOHAN: Wir können also, kurz gesagt, die Wahrheit sagen. Nach zwanzig Jahren.

MARIANNE: Nach zwanzig Jahren.

JOHAN: Glaubst du, daß zwei Menschen, die täglich zusammen sind, wahrhaftig zueinander sind? Ist das überhaupt möglich und vorstellbar?

MARIANNE: *Wir* haben das jedenfalls nicht geschafft.

JOHAN: Ist es überhaupt notwendig?

MARIANNE: Wenn du und ich uns immerzu die Wahrheit gesagt und nichts voreinander geheimgehalten hätten?

JOHAN: Wußten wir denn überhaupt, daß wir etwas voreinander geheimhielten?

MARIANNE: Na klar. Wir logen bewußt. Jedenfalls habe ich das getan.

JOHAN: Du! Das ist doch nicht dein Ernst.

MARIANNE: Achte jetzt bitte auf den Tonfall, Johan.

JOHAN: Auf welchen dämlichen Tonfall denn?

MARIANNE *(lächelt)*: Zu Beginn unserer Ehe habe ich dich ein paarmal betrogen. Tatsächlich.

JOHAN: Aha.

MARIANNE: Bist du schockiert?

JOHAN: Ich weiß nicht genau. Doch, ich bin wohl schokkiert.

MARIANNE: Es war ziemlich unschuldig. Ich meinte damals, unter der Ehe und der Schwangerschaft und unter anderen Verpflichtungen zu ersticken. Da bin ich ein paarmal seitwärts in die Büsche gesprungen.

JOHAN: Sieh mal einer an.

MARIANNE: In ziemlich rascher Folge hatte ich drei recht entzückende Affären mit Herren, die du nicht kennst. Wenn du mich fragst, was mein Gewissen dazu sagte, so kann ich nur sagen, daß es sich absolut still verhielt.

JOHAN: Aha. Aha. Sieh mal einer an.

MARIANNE: Ich fand, meine Affären seien eine geringe Kompensation für die Leiden, denen ich mich ausgesetzt sah.

JOHAN: Wenn wir uns also nur die Wahrheit gesagt hätten.

MARIANNE: Wenn ich im Frühjahr neunzehnhundertfünfundfünfzig die Wahrheit gesagt hätte, so hätte diese Wahrheit unsere Ehe in Stücke gehen lassen. Ich hätte mit unseren Familien gebrochen, unsere beiden Töchter verkauft und dich totgeschlagen. Obwohl ich dich wirklich liebte. Denn ich habe dich tatsächlich geliebt.

JOHAN: Aber dann? Was geschah dann?

MARIANNE: Dann bekam ich es über.

JOHAN: Hattest du mich satt?

MARIANNE: Nein, ich konnte meine Liebhaber nicht mehr sehen. Das war jedenfalls nicht die Art Freiheit, nach der ich mich sehnte. Also versuchte ich, mich anzupassen.

JOHAN: Und du hast nichts gesagt.

MARIANNE: Wozu wäre das gut gewesen? Du warst übrigens gerade mit deiner Dissertation beschäftigt. Und Magengeschwüre hattest du auch noch. Wir mußten also auf Zehenspitzen gehen, um dich ja nicht zu stören.

JOHAN: Aber trotzdem!

MARIANNE: Das einzig Wichtige war damals, daß du deine Promotion schafftest. Das mit der Wahrheit wurde also zu einer ziemlich untergeordneten Problematik. Äußerlich gesehen hat sich das Verhältnis zwischen Mann und Frau verändert. Vielleicht. In der Realität sieht es aber noch so aus wie vor hundert Jahren. Ist das nicht wahnsinnig komisch?

JOHAN: Aber dann? Was geschah dann?

MARIANNE: Hör mal. Wir haben miteinander gesprochen. Ziemlich oft sogar.

JOHAN: Ohne wirklich aufrichtig zu sein.

MARIANNE: Wir bewegten uns mit zurechtgelegten Halbwahrheiten. Und da wir beide ein bißchen von Psychologie verstanden, konten wir für alles eine Erklärung finden. Und außerdem war es sehr bequem, Streit zu vermeiden. Gelegentlich, wenn wir richtig auf der Palme waren, haben wir natürlich das eine oder andere gesagt.

JOHAN: Aber das nahmen wir zurück. Hinterher. Denn es hätte zu weit geführt, das ganze Knäuel aufzurollen.

MARIANNE: Also mußten wir lügen. Manchmal mehr, manchmal weniger, je nachdem, wie es gerade hinkam.

JOHAN: Machst du in deiner neuen Ehe von diesen Erfahrungen Gebrauch?

MARIANNE: Aber klar. Ich lüge ständig.

JOHAN: Ich auch.

MARIANNE: Da hast du's.

JOHAN: Das heißt, meine Frau Anna interessiert sich nicht für die Wahrheit. Sie hat die Ehe zur beiderseitigen Bequemlichkeit eingerichtet.

MARIANNE: Liebst du sie?

JOHAN: Diese ewig weibliche Frage. Ich finde sie lieb, intelligent, angenehm, sauber, wohlerzogen, repräsentativ und sexuell anziehend. Ich frühstücke gern mit ihr.

MARIANNE: Und sie wollte sich deiner annehmen?

JOHAN: Sie sagt, daß sie mich mag. Es ist ihr völlig egal, ob ich tüchtig bin oder nicht. Ich kann so müde und unausstehlich sein, wie es mir paßt. Sie sagt, das sei ihr schnuppe. Sie sagt, daß sie sich bei mir geborgen fühlt. Sie will keinen anderen Mann haben. Es ist vollkommen unbegreiflich.

MARIANNE *(in einem anderen Tonfall)*: Ich glaube, du hast das große Los gezogen, Johan!

JOHAN: Dann dürfte ich sie doch nicht mit dir betrügen.

MARIANNE: Du liebst uns vielleicht beide.

JOHAN: Jetzt wirst du wieder so verdammt neunmalklug. Liebe zu empfinden dürfte eine Sache der Begabung sein. Ich habe diese Begabung nicht.

MARIANNE: Da haben wir zunächst deine Mutter, die dich anbetete und der Meinung war, du seist ein Genie. Und dann die ganze Reihe von Frauenzimmern, die sich ganz genau so wie deine Mutter verhalten haben. Mich selbst eingeschlossen. Ich würde gern wissen, was du an dir hast, das jeden natürlichen Reifungsprozeß sabotiert. Ich sage das nicht, um bösartig zu sein, sondern weil diese Frage mich ständig beschäftigt.

JOHAN *(aufrichtig)*: Heute kenne ich den Grund, und er ist nicht sonderlich aufmunternd.

MARIANNE: Es würde mich interessieren, etwas darüber zu hören.

JOHAN *(fröhlich)*: Jetzt sollst du mein scheußliches Geheimnis erfahren. Ich bin ein Knabe mittleren Alters. Der nie erwachsen geworden ist.

MARIANNE: Das habe ich schon immer gewußt.

JOHAN: Es hat mir große gedankliche Mühe bereitet zu begreifen, daß ich ein Kind mit Genitalien bin. Eine fabelhafte Kombination für Frauen mit Muttergefühlen.

MARIANNE: Mein Gott, wie banal. Ich hätte mindestens ein Bekenntnis über irgendwelche verbrecherischen Neigungen erwartet.

JOHAN *(legt sich ins Zeug)*: Und aus diesem Grund werde ich nie erwachsen. Warum sollte ich auch? Das würde nämlich bedeuten, daß ich gezwungen wäre, allein mit allem fertig zu werden. Ich wäre vielleicht sogar gezwungen, Verantwortung zu übernehmen.

MARIANNE: Was für eine gräßliche Antiklimax, geliebter Johan.

JOHAN: Ich *will* nicht reif werden, verstehst du? Darum ist Anna eine gute Frau für mich.

MARIANNE: Arme Anna.

JOHAN *(lächelt)*: Dein Mitgefühl wirkt nicht sehr aufrichtig. Jetzt wollen wir lieber über dich sprechen.

MARIANNE *(lacht)*: Wollten wir nicht etwas essen?

Sie haben gegessen und getrunken und machen es sich jetzt vor dem offenen Kamin bequem. Die Dämmerung setzt ein. Sie sitzen auf bequemen Stühlen und rauchen schweigend.

MARIANNE: Du wolltest wissen, wie es um mich und Henrik, meinen Mann, steht?

JOHAN: Jetzt nicht mehr.

MARIANNE: Daß wir überhaupt geheiratet haben, war eine Dummheit. Oder eine Art Leichtsinn. Wir haben die

Heirat beinahe als einen Scherz betrachtet. Man kann schließlich jahrein, jahraus zusammen leben, ohne verheiratet zu sein, und das ist etwas ganz anderes als ein Zusammenleben mit Trauschein.

JOHAN: Wann habt ihr euch kennengelernt?

MARIANNE: Das ist schon einige Jahre her. Entschuldige bitte, wenn ich es sage, aber es war eine rein sexuelle Angelegenheit.

JOHAN: Aha. Ich verstehe.

MARIANNE: Henrik ist in diesem Punkt, na, wie soll ich mich ausdrücken, sehr überzeugend. *(Lächelt)* Er ist unheimlich sexbegeistert und hat mir nachgewiesen, daß ich davon genauso begeistert bin. Wie du wohl noch weißt, war ich früher nicht so angetan davon.

JOHAN: Ich erinnere mich.

MARIANNE: Du findest es nicht gut, daß ich darüber spreche?

JOHAN: Nein, das finde ich wirklich nicht gut. Aber das ist nicht zu ändern.

MARIANNE: Aufrichtig gesagt wurde ich richtig besessen von all dem Neuen, das ich noch nie mitgemacht hatte. Ich fand mich unersättlich. *(Lächelt)* Das klingt ein bißchen irre, nicht wahr?

JOHAN: Ich finde, es klingt nett. Für dich, meine ich.

MARIANNE: Du wirst vielleicht verstehen, daß ich mich sofort unerhört an Henrik gebunden fühlte. Er war auch von mir entzückt. Ich bin aber bald dahintergekommen, daß ihn das nicht davon abhielt, sich nebenher noch mit anderen Frauen abzugeben.

JOHAN: Das ist ja ungeheuer.

MARIANNE: Zuerst war ich wahnsinnig gedemütigt und verletzt. Ich wurde sogar eifersüchtig.

JOHAN: *Du* wurdest eifersüchtig?

MARIANNE: Wir hatten einen heftigen Auftritt. Das heißt, ich war diejenige, die heftig wurde. Ich bat ihn, sich zum Teufel zu scheren.

JOHAN: Und das tat er auch?

MARIANNE: Er sagte, ich sei überspannt. Und dann ging er. Nach ein paar Wochen bettelte ich darum, daß er zurückkam. Egal, zu welchen Bedingungen. Er meinte auch, daß es an der Zeit war, die Sache wiederaufzunehmen. Wir fuhren gemeinsam in Urlaub. Wir waren sehr glücklich. Als wir zurückkamen, heirateten wir. Seitdem ist es auf und ab gegangen. Meist ab.

JOHAN: Wie traurig.

MARIANNE: Henrik ist ein umwerfend aktiver Mensch. Er ist Chefarzt beim Stadtkrankenhaus. Außerdem sitzt er in vielen Ausschüssen und arbeitet nebenher noch wissenschaftlich, sooft er dazu Gelegenheit hat. Ich begreife gar nicht, wie er das alles schafft.

JOHAN: Besonders wenn er mit zahlreichen Damen zugleich praktiziert.

MARIANNE: Seine Gesundheit ist ein bißchen angeschlagen. Er hat zu hohen Blutdruck und muß dauernd Medikamente nehmen. Manchmal denke ich, ich halte ihn nicht eine Minute länger aus. Daß er mich mit seinen Anforderungen fertigmacht.

JOHAN: Das ist aber gar nicht so lustig für eine Person mit deinen Freiheitsansprüchen. Nicht wahr?

MARIANNE: Seltsamerweise ist es genau umgekehrt.

JOHAN: Das verstehe ich nicht.

MARIANNE: Heute bin ich nicht mehr von ihm abhängig. Ich lebe mit ihm zusammen. Das ist gut. Ich lebe mit dir zusammen. Auch gut. Wenn ich einen anderen Mann kennenlerne, der mir zusagt, könnte ich auch mit dem zusammenleben.

JOHAN: Soll *das* etwa Freiheit sein?

MARIANNE: Bis auf weiteres ist das Freiheit.

JOHAN: Und du bist glücklich?

MARIANNE: Manchmal bin ich zutiefst unglücklich, wenn ich glücklich sein sollte, und umgekehrt. Das Glücksgefühl folgt keiner Regel. Jedenfalls nicht bei mir.

JOHAN: Da ist etwas, was ich dich gern fragen würde.

MARIANNE *(nickt)*: Du möchtest gern wissen, ob ich noch immer die Angewohnheit habe, mich auf dem sexuellen Gebiet zu rächen, wenn mir danach ist. *(Lacht)* Ich hab's versucht. Er machte sich aber nie etwas aus meinen Versuchen. Er sagte nur, daß ich ihn mit diesen Dummheiten langweilte. Und dann widmete er sich mit dem gleichen alles verschlingenden Interesse irgendeiner anderen Frau. Da saß ich dann mit meiner Rache. Ich habe mir das also abgewöhnt. Du und ich, wir kommen heutzutage ja auch gut miteinander zurecht. Ist es nicht so, mein Liebling?

JOHAN: Doch, so ist es.

MARIANNE: Bist du eifersüchtig?

JOHAN: Ich fühle mich sowohl angezogen wie abgestoßen.

MARIANNE: Weißt du noch, was man uns erzählte, als wir noch Kinder waren? Diesen Quatsch, daß die körperliche Liebe das Schönste ist, was es gibt. Daß der Körper ein Tempel ist und daß man sich nicht in kleiner Münze verschenken soll. Oder etwas ähnliches Idiotisches. Mit jemandem zu schlafen sei so etwas wie eine heilige Handlung. Es war alles so etwas Besonderes und Feines, daß wir das große Bibbern kriegten, als wir mit der Praxis anfingen. Andererseits war da die Pornographie mit tollen Geschlechtsakten und kolossalen Apparaten und ununterbrochenen Orgasmen. Das war auch ziemlich niederschmetternd. *(Pause)* Woran denkst du, Johan? Du siehst so nachdenklich aus.

JOHAN *(lächelt plötzlich)*: Ich denke daran, daß alles gut ist. Es ist gut. Sagenhaft gut. Fast grenzenlos gut. Es ist nur so, daß ich's nicht aushalte.

MARIANNE: Ich habe nicht gewußt, daß du die Wahrheit nicht hören willst.

JOHAN *(heftig)*: Was kümmern mich deine Orgasmen mit diesem gottverdammten Blutdruck-Knaben? Ich gönne sie dir. Ich bin voll Bewunderung für deine vollständige

Befreiung. Sie ist beinahe imponierend. Du solltest einen Roman schreiben, verflucht noch mal. Ich verspreche dir, die Hohenpriesterinnen der Frauenbewegung werden dir Beifall klatschen.

MARIANNE: Es ist doch nicht dein Ernst, daß du so dumm bist, wie du tust.

JOHAN: Ich sage doch, daß mir das alles scheißegal ist.

MARIANNE: Aber es ist plötzlich so unerhört wichtig geworden.

JOHAN: Nein, es ist nebensächlich. Es ist nur ein kleiner Teil von all dem fabelhaft Schönen, das das Leben zu bieten hat. Denk doch nur mal an all unsere Einsichten! An all diese Klugheit und Bewußtheit, zu denen wir unter Tränen und Schmerzen gelangt sind. Es ist großartig. Es ist beinahe phantastisch. Wir haben uns selbst entdeckt. Es ist verrückt. Der eine sieht ein, daß er klein und mickrig ist. Der andere erkennt seine Größe. Könnte es besser sein? Wir sitzen hier so verständig und reden Scheiß über unsere jeweiligen besseren Hälften. Sie sind praktisch bei uns im Zimmer. Wir winken ihnen zu. Das ist doch seelischer Gruppensex auf höchstem Niveau. Es ist alles beinahe wie aus einem Lehrbuch für Lebenskunde. Es ist unvergleichlich, Marianne. Die Analyse ist total, das Wissen grenzenlos! Aber ich halte das alles nicht aus.

MARIANNE *(plötzlich traurig)*: Ich verstehe, was du meinst, aber ich finde es nicht so schrecklich wie du.

JOHAN: Ja, da kannst du mal sehen. Das ist der große Unterschied zwischen uns beiden. Ich weigere mich nämlich, die totale Sinnlosigkeit hinter der totalen Bewußtheit zu akzeptieren. Ich kann mit diesem kalten Licht über all meinen Bemühungen nicht leben. Wenn du wüßtest, wie ich mich mit meiner Sinnlosigkeit anstrenge. Immer wieder versuche ich mir selbst damit Mut zu machen, daß das Leben den Wert hat, den man ihm selbst gibt. Aber ich kann mich über dieses leere Gequatsche nicht freuen.

Ich will etwas haben, wonach ich mich sehnen kann. Ich brauche etwas, woran ich glauben kann.

MARIANNE: Ich denke nicht so wie du.

JOHAN: Nein, das ist mir klargeworden.

MARIANNE: Im Gegensatz zu dir halte ich das alles aus. Und fühle mich wohl dabei. Ich verlasse mich auf meinen Verstand. Und auf mein Gefühl. Verstand und Gefühl arbeiten bei mir zusammen. Ich bin mit beiden zufrieden. Jetzt, wo ich schon ein bißchen älter geworden bin, habe ich noch einen dritten Mitarbeiter bekommen. Nämlich meine Erfahrung.

JOHAN *(niederträchtig)*: Du solltest Politikerin werden.

MARIANNE *(ernst)*: Das wäre vielleicht eine Möglichkeit.

JOHAN: Mein Gott.

MARIANNE: Ich habe die Menschen gern. Ich mag Verhandlungen, Verständigkeit, Kompromisse.

JOHAN: Du übst schon für deine erste Wahlrede, wie ich höre.

MARIANNE: Du findest mich schwierig?

JOHAN: Nur wenn du Predigten hältst.

MARIANNE: Ich werde kein Wort mehr sagen.

JOHAN: Versprichst du, heute abend keine weiteren Wahrheiten zu sagen?

MARIANNE: Ich verspreche.

JOHAN: Versprichst du, diesen Orgasmus-Athleten nicht noch mehr hervorzuheben?

MARIANNE: Kein Wort mehr über ihn.

JOHAN: Glaubst du, daß du wenigstens *für kurze Zeit* deine entsetzliche Besserwisserei zügeln kannst?

MARIANNE: Das wird schwierig, aber ich werd's versuchen.

JOHAN: Ist es dir vielleicht auch möglich, ich sage, *vielleicht*, ein bißchen mit deiner grenzenlosen weiblichen Kraft hauszuhalten?

MARIANNE: Ich sehe schon, das scheint nötig zu sein.

JOHAN: Also gut. Komm jetzt. Gehen wir schlafen.

In der Nacht wacht MARIANNE *auf und ruft laut vor Angst.* JOHAN *macht die Nachttischlampe an und versucht, sie in den Arm zu nehmen, um sie zu beruhigen, aber sie schlägt um sich, macht sich frei, stürzt aus dem Bett und beginnt, im Zimmer auf- und abzugehen.* JOHAN *wartet stumm darauf, daß sie etwas sagt.*

MARIANNE: Ich verstehe nicht, wie es kommt, daß ich so schrecklich träume. Woran kann es liegen? Was glaubst du?

JOHAN: Du hast vielleicht etwas Schlechtes gegessen.

MARIANNE: Glaubst du?

JOHAN: Vielleicht ist es aber auch so, liebste Marianne, daß es in deiner grenzenlos wohlgeordneten Welt etwas gibt, an das du nicht herankommst.

MARIANNE: Und was sollte das sein?

JOHAN: Woher soll ich das wissen?

MARIANNE: Faß mich um. Mir ist so schrecklich kalt. Obwohl mir ganz heiß ist. Glaubst du, daß ich krank werde? Die Kinder haben gerade eine Erkältung hinter sich.

JOHAN *(zärtlich)*: So. Paß auf, gleich wird's besser.

MARIANNE: Zieh mir die Decke noch mehr über die Schulter. So ja, jetzt ist es gut. Jetzt ist es viel besser.

JOHAN: Kannst du dich nicht daran erinnern, was dich erschreckte?

MARIANNE: Wir haben einen gefährlichen Weg vor uns oder so etwas Ähnliches. Ich will, daß ihr meine Hände haltet, damit wir uns aneinander festhalten können. *(Erschreckt)* Aber es geht nicht. Ich habe keine Hände mehr. Ich habe nur ein paar Armstümpfe, die an den Ellbogen enden. Gleichzeitig rutsche ich auf weichem Sand aus. Ich kann euch nicht erreichen. Ihr steht da oben auf dem Weg, und ich kann euch nicht erreichen.

JOHAN *(zärtlich)*: Das war aber ein schrecklicher Traum.

MARIANNE *(nach einer Pause)*: Johan!

JOHAN: Ja, mein Kleines.

MARIANNE: Glaubst du, wir leben in absoluter Verwirrung?

JOHAN: Du und ich?

MARIANNE: Nein, wir alle.

JOHAN: Was meinst du mit Verwirrung?

MARIANNE: Furcht, Unsicherheit, Unverstand. Ich meine Verwirrung. Daß wir insgeheim einsehen, daß es bergab geht. Und daß wir nicht wissen, was wir unternehmen sollen.

JOHAN: Ja, das ist es, was ich glaube.

MARIANNE: Es ist vielleicht wie ein Gift.

JOHAN: In uns, meinst du?

MARIANNE: Stell dir vor, es wäre wirklich so, daß alles zu spät ist.

JOHAN: So etwas darf man nicht sagen. Nur denken.

MARIANNE: Was geben wir uns bloß immer für Mühe.

JOHAN: Du besonders.

MARIANNE: Johan!

JOHAN: Ja.

MARIANNE: Haben wir irgend etwas Wichtiges versäumt?

JOHAN: Wir alle?

MARIANNE: Du und ich.

JOHAN: Was könnte das sein?

MARIANNE: Manchmal kann ich voll und ganz verstehen, wie du denkst und fühlst. Und dann empfinde ich große Zärtlichkeit für dich und vergesse mich selbst, obwohl ich mich dabei nicht selbst auslösche. Verstehst du, was ich meine?

JOHAN: Ich verstehe, was du sagen willst.

MARIANNE: Manchmal kann ich mich mit einem wildfremden Menschen identifizieren und diesen Menschen verstehen. Das sind kurze Augenblicke der Einfühlung.

JOHAN: Wenn wir unser Heil in dieser Art sentimentalen Mitgefühls suchen würden, würde in dieser Welt nichts ausgerichtet werden, das versichere ich dir.

MARIANNE: Johan.

JOHAN: Ja.

MARIANNE: Manchmal trauere ich darüber, daß ich nie einen Menschen geliebt habe. Ich glaube auch nicht, daß ich geliebt worden bin. Das macht mich etwas betrübt.

JOHAN: Jetzt bist du aber reichlich überspannt, finde ich.

MARIANNE *(lächelt)*: Findest du?

JOHAN: Ich kann nur für mich selbst antworten. Und ich finde, daß ich dich auf meine unvollkommene und ziemlich selbstsüchtige Weise liebe. Und manchmal glaube ich, daß du mich auf deine ungebärdige, gefühlbeladene Weise liebst. Ich glaube ganz einfach, daß wir uns lieben. Auf eine irdische und unvollkommene Weise.

MARIANNE: Glaubst du das wirklich?

JOHAN: Du hast immer so verdammte Ansprüche.

MARIANNE: Ja, das habe ich.

JOHAN: Aber so wie jetzt, in aller Einfachheit, mitten in der Nacht, in einem dunklen Haus, irgendwo in der Welt, sitze ich tatsächlich da und halte dich in meinen Armen. Und du hältst mich. Ich kann nicht behaupten, daß ich irgendeine besondere Art von Einfühlung oder Mitgefühl empfinde.

MARIANNE: Nein, das tust du nicht.

JOHAN: Ich habe für so was wahrscheinlich nicht die Phantasie.

MARIANNE: Nein, du bist ziemlich phantasielos.

JOHAN: Ich habe keine Ahnung, wie meine Liebe aussieht. Ich kann sie nicht beschreiben, und für gewöhnlich spüre ich sie nicht.

MARIANNE: Und du glaubst, daß ich dich auch liebe?

JOHAN: Ja, das tust du vielleicht. Aber wenn wir das alles zu sehr zerreden, ist es mit der Liebe aus.

MARIANNE: Laß uns die ganze Nacht so sitzen bleiben.

JOHAN: Nein, das sollten wir wirklich nicht tun.

MARIANNE: Warum denn nicht?

JOHAN: Mir ist mein Bein eingeschlafen, und außerdem habe ich mir beinahe den linken Arm ausgerenkt. Ich bin furchtbar müde, und mein Rücken ist kalt.

MARIANNE: Dann kriech schnell unter die Decke.

JOHAN: Das dürfte am besten sein.

MARIANNE: Gute Nacht, mein Liebling. Und ich danke dir für dieses Gespräch.

JOHAN: Gute Nacht.

MARIANNE: Schlaf schön.

JOHAN: Danke, gleichfalls.

MARIANNE: Gute Nacht.

Inhalt

Vorwort 5
Unschuld und Panik 9
Die Kunst, unter den Teppich zu kehren 45
Paula 77
Das Tal der Tränen 105
Die Analphabeten 135
Mitten in der Nacht in einem dunklen Haus irgendwo in der Welt 169

Über den Autor

Ingmar Bergman, 1918 in Uppsala geboren, ist seit dreißig Jahren als Film- und Theaterregisseur sowie als Drehbuchautor tätig. Seine zahlreichen Filme – unter anderen *Abend der Gaukler*, *Das Lächeln einer Sommernacht*, *Das siebente Siegel*, *Wilde Erdbeeren*, *Die Jungfrauenquelle*, *Wie in einem Spiegel*, *Das Schweigen*, *Persona*, *Schreie und Flüstern* – haben ihm Weltruhm eingetragen. Bergman lebt heute abwechselnd in Stockholm und auf der Insel Fårö bei Gotland.

Ebenfalls erschienen:

Michel Tournier

Der Erlkönig

Roman
Aus dem Französischen von Helmut Waller
416 Seiten, Lin

Dieser französische Autor mißt die Geschichte und den Sinn des Menschseins nach tieferen Dimensionen aus als die Historiker oder die Reporter. Sein Buch ist bei aller Zuverlässigkeit der materiellen Quellen erst dadurch zu seiner vollen Unheimlichkeit gekommen, daß sozusagen die immateriellen Quellen hier aufgebrochen sind, Wunden, das ist nicht zu leugnen, aber auch Visionen von uns selbst, denen wir uns stellen müssen. Es gibt kaum ein anderes Buch heute, das den Menschen so furchtbar ernst nimmt, und zwar aus Liebe, wie dieser Roman. *Hannoversche Allgemeine Zeitung*

Tournier hat einen Dokumentar-Roman geschrieben, der die Wirklichkeit hinter der Wirklichkeit um so mehr trifft, als er sich von den sogenannten Realitäten als Entwurf freier Phantasie zu entfernen vorgibt. *Kölner Stadtanzeiger*

Der besondere Reiz des Romans, der eine eigenwillige Facette zum französischen Deutschlandbild beiträgt, liegt in der gegenseitigen Durchdringung von phantastischer Gedankenwelt banaler Alltagswirklichkeit, in der Verstrickung von realer und symbolischer Ebene. Ein Roman, der sowohl über das Rätsel Deutschland als auch über seine rätselhafte Anziehungskraft auf viele Franzosen nachdenken läßt.

Der Bund, Bern

Hubert Fichte

Versuch über die Pubertät

Roman

312 Seiten, Lin

Dieser Roman ist perfektes Beschreibungsritual, unerbittlich bis zur Gnadenlosigkeit – eine artistische Glanzleistung. Es hat die scheinbare Mühelosigkeit hauchfein geäderter Blätter, deren lyrische Zartheit und fremde Arithmetie. [...] Es ist Fichtes weitester Aufbruch, sein am besten gelungenes Buch.

Die Zeit

Dieser romanhafte, trotzdem sachlich sehr experimentelle Versuch der Selbstdarstellung ist – das muß man dem Schriftsteller zugestehen – als Äußerung eines sensiblen Gemütes nicht zu übersehen.

Spandauer Volksblatt

Fichte weiß, daß er – nach normalbürgerlichem Maß – ein Ausgeschlossener ist. Doch dieses Wissen wird ihm zum Kapital. Es schärft sein Denken und seine Empfindungsfähigkeit, es macht ihn zum Transporteur einer neuen Unbefangenheit, befähigt ihn zum ideologiefernen, vorurteilsfreien Umgang mit der Welt und mit sich selber. Man kann darin kaum weiter gehen, als es in diesem Buch geschieht.

Deutschlandfunk

Fichtes improvisierte Ästhetik ist – und das darf als ein stolzes Resultat gelten – durch die literarische Wirklichkeit seines Buches voll gedeckt.

Frankfurter Allgemeine Zeitung

Hoffmann und Campe